Tromsø

Bodø

Jokkmokk

Roraniemi

Luleå

Umeå

Östersund

Trondheim

Femund

Mora

Frederikshavn

Malmö

Darmstadt

W0055911

ANJA UND JÖRG VARNHOLT

EIGENTLICH NORDWÄRTS

ANJA UND JÖRG VARNHOLT

EIGENTLICH NORDWÄRTS

Mit Kind und Rad durch Norwegen

Wie unser Familienabenteuer anders verlief als geplant und doch ans Ziel führte

adeo

INHALT

DANK ZUVOR

Wir möchten an dieser Stelle die gute Tradition aufgreifen und unseren Dank vorausschicken, denn ein Buch wie das vorliegende kann nicht im Alleingang entstehen.

Ohne die Unterstützung unserer großen Kinder Jannis und Ammely hätten wir uns nicht getraut, die Idee einer Auszeit weiterzudenken. Es war nicht nur ihre Ermutigung, sondern auch die Zusage, nach Haus und Bienen zu schauen, und nicht zuletzt das Angebot von Jannis, uns nach der Tour abzuholen. Auch Noah wollen wir an dieser Stelle danken, auch wenn man in diesem Alter wenig Chancen hat, gegen die Ideen der Eltern anzukommen. Du hast einfach klasse mitgemacht und warst oft unser Motivator und unser Beter, der die Fahne hochgehalten hat. Ihr seid alle drei großartig! Vielen Dank!

Da die Bienen für einen ungelernten Imker eine große Herausforderung darstellen, sind erfreulicherweise auch unser lieber Freund Stefan, Jörgs Kollegin Anja und der benachbarte Imker Robert mit in die Bresche gesprungen und haben die Völker kontrolliert, Honig geschleudert und Schwärme eingefangen. Eine dicke Umarmung euch dafür!

Ein großer Dank an Anjas Schulleitung, die nicht nur die Elternzeit genehmigt hat, sondern auch die Zeit für Anjas Klasse super organisiert hat.

Hier seien die Eltern der Schulkinder eingeschlossen, die die Abwesenheit ihrer Klassenlehrerin ohne viel Aufhebens hingenommen haben. Ein dicker Dank auch an Jörgs TV-Redaktion! Ihr habt mich mit einem guten Gefühl ziehen lassen und dafür die ein oder andere Überstunde in Kauf genommen. So wunderbare Teams wünschen wir jedem. Danke schön dafür!

Wir möchten uns auch bei allen aus unserer Gemeinde und unserem Umfeld für den Beistand bedanken und ebenfalls bei allen, die unseren Blog gelesen und mit Kommentaren bereichert haben. Dazu gehört auch ein Dank an alle, die uns unterwegs mit so viel Offenheit begegnet sind, dass wir Teil ihrer Geschichte werden konnten, sie aber auch Teil unserer eigenen wurden.

Nicht zuletzt ein dickes DANKESCHÖN an Annette, Karo und Andi. Annette, du hast uns zuerst ermuntert, unsere Geschichte aufzuschreiben, und auch noch an unser Buch geglaubt, als klar war, dass wir mit unserem Hund ganz anders als geplant unterwegs sein würden. Karo, dir vielen Dank für deine Geduld, dein Vertrauen in uns und deine Arbeit, die dieses Buch zu dem hat werden lassen, was es jetzt ist. Andi, danke für die kreative Gestaltung und deine Ideen.

Doch der größte Dank gilt unserem Gott, der uns geführt und behütet hat, sodass wir gesund und heil wieder zurückkommen konnten.

TEIL
EINS

PROLOG

Mit Tränen in den Augen verlassen wir die gekachelten, aber freundlich eingerichteten Räume der Tierklinik in Tromsø. Gerade haben wir Abschied genommen von unserem geliebten Hund Mette (genannt Metti), mit dem wir 16 Jahre unseres Lebens geteilt haben. Ja, es war abzusehen und sie hat als großer Hund auch ein hohes Alter erreicht. Dennoch liegen der Schmerz und die Leere schwer und wie ein Schleier über dem Tag. Einen Hund zum Einschläfern zu bringen ist nicht die Tagesaufgabe, die man sich freiwillig aussucht.

Eigentlich war das alles ganz anders geplant gewesen – eigentlich …

… *eigentlich* wollten wir in drei Monaten gemeinsamer Auszeit mit dem Fahrrad von Darmstadt bis nach Norwegen fahren. Mit unserem jüngsten, noch nicht schulpflichtigen Sohn Noah wollten wir die Gelegenheit zu einer längeren Familienauszeit nutzen, mitten in unserem beschäftigten Leben mit Häuschen, Jobs und Pflichten. *Eigentlich* hatten wir das alles gut geplant. Und doch kam dann alles ganz anders. Wie und warum, davon erzählen wir in diesem Buch, das genau aus diesem Grund den Titel „Eigentlich nordwärts" trägt.

Dieses „eigentlich" ist schon ein interessantes Wort: Es zeigt, dass wir etwas anderes tun, als wir uns vorgenommen haben, dass etwas anderes passiert, als wir erwartet haben oder gar, dass wir anders sind, als wir eigentlich gerne wären. Wie oft hören wir: „Eigentlich müsste man mal …

aber …" „Eigentlich" ist der Disclaimer, die Entschuldigung unseres Lebens, mit dem wir uns kleiner machen, als wir sind. Zum Teil nehmen wir das aktuelle, reale Leben nicht wirklich wahr, weil wir ja *eigentlich* etwas anderes wollen. Aber wenn wir eigentlich etwas anderes wollen, warum tun wir es dann nicht?

Wir haben uns für den Versuch entschieden, das „Eigentlich" zur Seite zu schieben und ein bisschen Abenteuer in unserem Leben zuzulassen. Wir haben unsere Auszeit erst geträumt, dann gedacht, irgendwann geplant und dann … gelebt! Das führte dazu, dass Freunde und Bekannte immer wieder sagten und noch sagen: „Eigentlich habt ihr ja so recht, dass ihr das wirklich gemacht habt."

Das eigentliche Leben ist das Leben, das genau so stattfindet, wie es das gerade tut; das Leben schränkt sich ja nicht selbst ein, es ist real im Hier und Jetzt, nur wir sind manchmal (oder oft?) woanders. Aber wenn wir uns auf das Leben einlassen, so wie es ist, und nicht dem „eigentlich könnte, müsste, sollte" aufsitzen, bietet es viele spannende und schöne neue Momente. Natürlich gibt es auch jede Menge Möglichkeiten, das Leben zu verpassen, beispielsweise indem wir immer der Vergangenheit nachhängen oder indem wir uns nur in die Zukunft träumen. Beides birgt großes Gefahrenpotential, das Hier und Jetzt zu verpassen, um dann hinterher sagen zu müssen: „Eigentlich …"

Bücher von Reisenden gibt es ja sehr viele und wir haben auch einige davon gelesen. Dabei stellen wir fest, dass viele Menschen frustriert aufbrechen, um Veränderung zu erfahren, eine Zeitlang „das Erlebnis" ihres Lebens zu haben. Wir sind nicht aus einem Tiefpunkt oder einer Frustration heraus aufgebrochen. Wir wollen mit unserer Auszeit unser ganz normales, derzeitiges Leben bereichern, gestalten und in die Hand nehmen, und dies vor allem nachhaltig. Menschen, die nur von Urlaub zu Urlaub oder von Auszeit zu Auszeit leben, haben meistens ihren Sinn (noch) nicht gefunden.

Nun aber zu unseren „Eigentlichs": Um die Geschichte ganz von vorne anzufangen, müssen wir mit der Einladung zu einem 111. Geburtstag beginnen. Ein guter Bekannter und seine Frau sind in besagtem Jahr jeweils 50 und ihre Tochter 11 Jahre alt geworden, macht zusammen 111. Also alle noch mitten im Leben und auch eine entsprechend lebendige Party – das war etwa drei Jahre vor unserer Tour.

Auf dem Rückweg von der Feier haben wir dann überlegt und gerechnet, ob wir mit unseren Geburtstagen nicht auch so eine nette Zahl hinbekommen. Am Ende unserer Überlegungen stand das Jahr 2018: Wir werden zusammen 100 Jahre, unsere Kinder zusammen 50 Jahre, und wir sind 25 Jahre verheiratet. Was macht man nun mit dieser Information? Zur Kenntnis nehmen und so weiterleben? Nein! Fette Party oder eine Reise? Die Entscheidung für Letzteres fiel uns nicht schwer.

Es war uns wichtig, in der Mitte des Lebens noch einmal die Mühle des Alltags anzuhalten und zu schauen, wo der Weg uns noch hinführen wird. Wir merkten beide, dass wir etwas tun müssen, damit wir nicht im Alltag versinken und dabei die Möglichkeit einer Auszeit verpassen.

Was uns für unser Leben wichtig erscheint, wollen wir auch auf die Reise übertragen: Wir sind nämlich ganz und gar nicht die Menschen, die ihr ganzes Leben durchgeplant haben und genau wissen, wann welcher Karriereschritt dran ist. So wollen wir auch nicht vorher jede Etappe und jedes Ziel festlegen, sondern immer wieder neu hinhören, welchen Weg wir einschlagen sollen.

Da wären wir also: Wir, das sind Anja (51), Grundschullehrerin, und Jörg (49), als Fernsehredakteur und -produzent tätig. Unsere beiden großen Kinder Ammely (21) und Jannis (23) sind schon aus dem Haus und studieren beide. Noah (6) würde erst nach dem Sommer in die Schule kommen. Unsere Hündin Mette ist zum Zeitpunkt der ersten Planung schon 13 und damit über ihre Lebenserwartung hinaus und wird sicherlich das Jahr 2018 nicht mehr erleben – denken wir. Auch wenn das kein schöner Gedanke für uns ist.

Der Zeitpunkt scheint uns ideal zu sein, zumal wir für Noah noch Elternzeit „geparkt" haben, die wir bis zum Ende seines 8. Lebensjahres abrufen können. Trotzdem kommen aber beim Nachdenken immer mehr Fragen auf: Wollen wir wirklich drei Monate mit einem Kind in Norwegen Fahrrad fahren? Mit welchem Rad soll Noah fahren? Können wir uns so eine Tour überhaupt leisten? Wir müssen unser Haus ja weiter abbezahlen, müssen für Jannis und Ammely sorgen …

Die Mitte des Lebens mit all ihren Verpflichtungen fühlt sich nicht mehr so unbeschwert an, wie die Zeit nach der Schule oder im Studium. Damals war es noch entspannt möglich, einfach das Zimmer in der WG unterzuvermieten, seinen Rucksack oder die Räder zu packen und für ein paar Wochen zu verschwinden. Wie viel Geld müssen wir vorher ansparen, um uns das Abenteuer dieser Auszeit leisten zu können? Was machen wir überhaupt mit dem Haus in der Zeit, und wer kümmert sich um die Bienen? – Jörg ist seit ein paar Jahren Imker mit einer Handvoll eigenen Bienenvölkern. Wer wird Anjas Klasse übernehmen? Wie werden die Kinder durch diese Zeit kommen? Man fühlt sich ja immer erstmal unersetzlich.

Gleichzeitig spüren wir immer wieder diese tiefe Sehnsucht nach einer gemeinsamen Familienauszeit, dieses übermächtige Bedürfnis, sich für ein paar Monate ohne tägliche Verpflichtungen durch Raum und Zeit zu bewegen. All das wegzuschieben, was wirkliche Begegnung oft so schwer macht. Begegnungen mit uns selbst, mit anderen und auch mit den großen Fragen des Lebens.

Eine kleinere, aber ganz konkrete Frage ist: Was können wir Noah in den Monaten vor seiner Einschulung mit auf den Weg geben? Wir sind uns einig, dass wir ihm weder theoretisches Wissen vermitteln noch mit ihm vorab Lesen, Schreiben und Rechnen trainieren wollen. Für seine Selbstständigkeit und seine Entwicklung würde es unserer Meinung nach wertvoller sein, wenn er Erfahrungen in der Natur sammelt und Begegnungen mit Kindern aus anderen Ländern hat. Wissen pauken, das wird er noch früh genug erleben. Aber welches Kind kocht schon seinen morgendlichen Tee auf einem Holzfeuer?

In der Planung hört sich ein Abenteuer immer idyllischer an, als es sich dann währenddessen anfühlt, und so stellen wir uns auch die Frage, ob wir uns und Noah überfordern könnten. In Skandinavien wird sicherlich nicht für drei Monate die Sonne scheinen, und was für uns als Erwachsene noch das Prädikat „Abenteuer" bekommt, kann für einen 6-Jährigen schon grenzwertig sein.

Lange überlegen und diskutieren wir, wie Noah am besten mitradeln kann. Am Ende haben wir uns für das Stufentandem „Pino" von Hase-Bikes entschieden, auf dem Jörg mit Noah fahren kann (siehe Materialliste). Es ist ein Tandem, bei dem Jörg hinten und Noah vorne in Liegeposition sitzt. Das sichert ihm die volle Sicht. Das Rad ist nicht ganz billig, aber für unseren Zweck perfekt. Anja fährt auf ihrem eigenen Reiserad mit.

Eines steht jedoch sehr schnell fest: In dieser Auszeit geht es uns nicht darum, uns oder anderen etwas zu beweisen, eine weitere Heldengeschichte von Rad fahrenden Heroen, die den Norden bezwingen, wollen wir nicht

hervorbringen. Wir wollen auf dieser Reise hinhören, anderen zuhören und ihren Geschichten Raum geben – und nicht uns und unsere Geschichte in den Mittelpunkt stellen. Wir wollen das spirituelle Experiment wagen und versuchen, uns führen zu lassen, statt unseren Weg im Vorhinein festzulegen.

Ob das gelingen kann?

Wir wollen auch nicht im Voraus planen, wann wir wo übernachten können. Sondern dies relativ kurzfristig festlegen, um uns nicht auf bestimmte Tagesetappen festlegen zu müssen. Übernachten wollen wir dann auf Campingplätzen, über die Warmshowers-Community (siehe Infobox) und in der freien Natur. Wir haben aber auch einen Jugendherbergsausweis dabei und können uns vorstellen, in Norwegen die eine oder andere Hütte zu nehmen.

Die erste Lektion im „Führen lassen und es nehmen, wie es kommt" erwischt uns früher als gedacht. Als wir begonnen hatten, konkreter über die Möglichkeit einer Familienauszeit zu reden, war unsere Hündin Mette schon 14 Jahre alt und damit für einen großen Hund schon recht betagt.

Wir waren daher immer davon ausgegangen, dass sie leider längst nicht mehr bei uns sein würde, wenn es mit unserer Reise konkret würde.

Doch Metti hatte anscheinend andere Pläne – sie wurde 15 und dann 16, und als der Termin unseres Aufbruchs immer näher rückte, war klar: Metti muss mit. Die Verantwortung für sie auf ihre alten Tage abzugeben kam für uns nicht in Frage. Und so warfen wir alle Pläne über den Haufen und beschlossen, erstmal mit dem VW-Bus loszufahren und dann einfach zu sehen, was passiert und wann es wie weitergeht.

Nur eins stand fest – die Richtung: nordwärts.

Aber wie können wir den Weg dorthin finden? In seinem Buch „Herztöne" (adeo Verlag 2016) beschreibt der Autor (und Geigenbauer) Martin Schleske vier Wege der Erkenntnis. Da-

WARMSHOWERS

Die Internetplattform www.warmshowers.org ist eine kostenfreie, weltweite Community von Tourenradfahrern. Reiseradler und Menschen, die solche beherbergen wollen, melden sich an, stellen in einem geschützten Bereich ihre Informationen zur Verfügung und haben hin und wieder jemanden zu Gast, mit dem sie spannende Geschichten und meistens einen netten Abend teilen können. Ob ein Bett, eine Matratze oder auch nur einen Platz fürs Zelt, jeder entscheidet frei, was er wann anbieten möchte. So lernt man als Teil der Community, egal ob als Host (Gastgeber) oder als Reisender viele interessante Menschen kennen.

ran angelehnt entdecken wir, dass es mindestens vier Arten gibt, auf Reisen seinen ganz eigenen Weg zu finden:

1. Durch Wissen: Dafür nutzen wir Karten, Navigationsgeräte, Schilder usw.
2. Durch Empirie: Ausprobieren, scheitern und weiter probieren. Dafür brauchen wir Zeit.
3. Durch Intuition, auch Bauchgefühl genannt: Hierbei nutzen wir unsere gesammelten Erfahrungen (oder die anderer), die wir unter Umgehung des Verstandes blitzschnell abrufen und meist nicht erklären können.
4. Durch Inspiration: Hierfür müssen wir unser eigenes Planen so weit abgeben, damit wir uns von anderen, von der Situation und – in unserem Fall – von Gott inspirieren lassen können.

Für uns sind im Laufe der Reise besonders die Intuition und die Inspiration wichtig geworden. Je weniger wir geplant und gewusst haben, desto intensiver waren die Begegnungen und Erlebnisse, die uns dann geschenkt worden sind.

Es war für uns nicht leicht zu akzeptieren, dass es erstmal so schien, als ob aus der Radreise gar nichts werden würde. Doch wir hatten ja beschlossen, die Dinge so zu nehmen, wie sie kommen. Also ließen wir uns einfach treiben; versuchten zu lernen, nicht danach zu fragen, wohin WIR wollen, sondern welcher Weg für uns gerade dran ist. Ein inspiratives Treibenlassen, oder besser Geführt-Werden, mit vielen Begegnungen. Und auf diesem Roadtrip von Deutschland nach Tromsø haben wir so viel Gutes erlebt, dass wir sicher sind, dass der Weg so richtig für uns war.

Und dann, als wir etwa die Hälfte unserer dreimonatigen Auszeit hinter uns hatten, zeichnete sich ab, dass Mettis Zeit mit uns nun an ihrem Ende angelangt war.

Als wir die Tierklinik ohne unseren geliebten Hund verließen, war wieder alles anders geworden. Nach dem Abschiednehmen von Metti brauchen wir jetzt erstmal eine völlig neue Orientierung, wie die Reise weitergehen soll.

Rückblickend gehört der erste Reiseabschnitt mit dem VW-Bus und unsere Erlebnisse dabei zu unserer Auszeit untrennbar dazu, daher fassen wir ihn im folgenden Kapitel zusammen. Die Leser, die direkt zur Fahrradreise kommen wollen, können in Kapitel 03 weiterlesen.

VON DARMSTADT NACH TROMSØ

Ostermontag – Probepacken

Ja, der Termin rückt tatsächlich immer näher … Passt wohl alles, was wir mitnehmen wollen, in die Fahrradtaschen? Und können zwei Fahrräder das Gepäck von drei Personen aufnehmen? Am Ende ist klar: Es passt! Aber vor dem errechneten vorläufigen Gewicht von ca. 60 Kilo haben wir doch Respekt. Wir wissen jedoch, dass man als Reisender in Norwegen gut daran tut, auch im Sommer warme Kleidung dabei zu haben. Um wie viel mehr also jetzt im Frühling! Haben wir ausreichend warme Sachen für Noah? Welche lange Hose nimmt man für ein Kind mit, das seit einem Jahr rasant wächst und scheinbar im Wettbewerb mit sich selbst ist: rauswachsen oder Knie durchscheuern? Soll es dann doch die 80 €-Outdoor-Hose sein? Aber so viel Geld für eine Kinderhose? Solche und ähnliche Kleinigkeiten füllen die letzten Tage vor der Abreise.

Und dann endlich: Die betriebsamen letzten Tage der Vorbereitung sind vorüber – der Tag der Abreise ist tatsächlich gekommen! Es scheint so unwirklich, aber es ist wahr. Alle Punkte auf unserer Liste sind abgehakt, das Haus sauber hinterlassen, und nach sehr teilnahmsvollem Verabschieden an unseren Arbeitsstellen – wir haben jetzt doppelt so viele Energieriegel wie geplant – sowie unzähligen guten Wünschen aus der Nachbarschaft sitzen wir endlich im Auto. Aus unserer Kirchengemeinde dürfen wir einen wunderschönen Reisesegen mitnehmen:

Er halte schützend seine Hand über euch,
bewahre eure Gesundheit und euer Leben
und öffne euch Augen und Ohren für die Wunder der Welt.
Er schenke euch Zeit,
zu verweilen, wo es eurer Seele bekommt.
Er schenke euch Muße, zu schauen, was euren Augen wohl tut.
Er schenke euch Brücken, wo der Weg zu enden scheint und
Menschen, die euch in Frieden Herberge gewähren.
Der Herr segne, die euch begleiten und euch begegnen.
Er halte Streit und Übles fern von euch.
Er mache eure Herzen froh, euren Blick weit und eure Füße stark.
Der Herr bewahre euch und führe euch wieder zu uns.
(Reisesegen von Elisabeth für uns formuliert)

Drei Monate – von Mai bis Juli – Freiheit liegen vor uns. Na gut, relativer Freiheit. Bis zum vorletzten Tag vor der Abreise ist bei Jörg ein Weg-schieben des Auto-Themas zu beobachten. Er redet und denkt noch immer ausschließlich in Richtung Radtour. Und auch wenn wir mit dem Probe-packen und allen anderen Vorbereitungen erfolgreich abgeschlossen ha-ben, bleibt doch das Grundproblem bestehen:

Ja: „Frau Hund", wie wir sie oft liebevoll nennen, lebt noch und will wohl noch mal mit nach Norwegen, wo sie so viele schöne Urlaube mit uns erlebt hat. Deshalb fahren wir also mit dem Camping-Bus los, erstmal Richtung Nordosten. Die Fahrräder und alles, was wir für eine Radreise brauchen, nehmen wir auch mit.

Wir meiden die Autobahnen, um uns zur Entschleunigung zu zwingen. So landen wir am ersten Abend im netten fränkischen Städtchen Hammel-burg auf einem Stellplatz für Wohnmobile. Der Rundumblick ist ebenso wunderbar wie das Frühlingswetter und unsere Laune. Bis … ja, bis Metti es schafft, kurz nach unserer Ankunft an der Leine komplett ins Wasser der Fränkischen Saale zu fallen, an deren Ufer wir uns befinden. Leider ist sie mittlerweile so ungeschickt und sieht so schlecht, dass dieses Missgeschick so schnell nicht zu verhindern war. Obwohl sie Wasser liebt, wirkt sie nach ihrer Rettung sehr „bedröppelt", eben wie ein begossener Pu … nein, Mischlingshund. Damit beginnen die ersten Sorgen: Schütteln auf Hundeart schafft sie nicht mehr. Ihr dichtes Unterfell wird aber allein vom Abrubbeln mit einem Handtuch nicht trocken. Die Nächte sind noch sehr kalt und unser Bus hat keine Standheizung. Hoffentlich wird sie nicht krank!

Ein kleiner Abendspaziergang durch die sonnige Altstadt von Hammelburg belebt aber selbst unsere Hundegreisin wieder. An dieser Stelle ist es wohl Zeit für eine Vorbemerkung zu Hunden allgemein und zu Mette im Besonderen: Eine oft beschriebene Tatsache ist es, dass sich die Welt in Hundebesitzer und Nicht-Hundebesitzer teilt. Die Sichtweisen der beiden Gruppen hinsichtlich der Vierbeiner lassen sich selten überein bringen. Für die Einen ist der Hund ein festes Familienmitglied – wie für uns! Insofern wird vielleicht manchem Nicht-Hundebesitzer unsere Empathie mit unserer Metti zu weit gehen. Nehmen Sie es einfach als nicht nachvollziehbare Macke von uns Hundebesitzern hin.

Mette haben wir zum ersten Mal gesehen, als sie drei Tage alt war – eine Handvoll Hund, kleiner als ein Meerschweinchen. Als Welpe kaum zu bändigen, wurde sie mit der Geburt unseres dritten Kindes Jolene zum Therapie-Hund. So einfühlsam und sensibel sie auf unsere Tochter mit ihrer schweren Behinderung reagierte, so viel Trost und körperlichen Ausgleich verschaffte sie uns während dieser Zeit und nach dem Tod von Jolene. Ein ganzes Jahr lang trauerte sie selbst damals sehr offensichtlich um dieses Kind.

Nach einer wunderbaren Radtour am nächsten Tag mit unserem Freund Thomas, der extra dafür zu uns stößt, bleiben wir eine weitere Nacht. Zwei Tage später machen wir Station auf einem Campingplatz in Bischofsheim mit Blick auf die Kuppen der Rhön. Wir versuchen, jeden Tag eine kleine Aktion zu starten, beispielsweise einen Spaziergang oder etwas anderes, was eben mit Mette geht.

Während sie auf öffentlichen Parkplätzen im städtischen Umfeld sehr gut allein im Auto bleiben kann, widersetzt sie sich dem, sobald das Auto auf einem Campingplatz steht, mit lautem Heulen. Selbst kann sie nur noch langsam laufen und kurze Strecken bewältigen. Diese Fakten reduzieren natürlich unsere Möglichkeiten und lassen uns auch immer wieder mit der Situation hadern.

Freudig überrascht sind wir dagegen davon, welche energiegeladenen Kreativschübe diese Reise, die Natur und das sonnige Wetter bei Noah auslösen. Mit Noah die Natur zu entdecken ist auch für uns wie eine Begegnung mit Gott. Bei einem Spaziergang wird der Spielzeugprospekt sowohl zum Reiseführer als auch zum Pflanzenbestimmungsbuch. Wir freuen uns über Noahs Wortkreativität: „Wir spielen, wir wären jetzt eine Familie, die wandert, und ich hätte ein Buch dabei, in dem ich nachschauen kann, wenn ihr Fragen habt …"

In diesem Reiseführer finden sich dementsprechend die fantasievollsten Beiträge zur durchwanderten Gegend, ebenso wie die wunderlichsten Pflanzen. Gleichzeitig müssen wir genauestens auf den Weg achten, da Lavaströme das Weiterkommen erschweren. Aber auch hier hilft die von Noah bis ins Detail erdachte Spezialausrüstung, die Unbilden des Weges zu bewältigen. Wie großartig, wenn Kinder ihre Fantasie so ausleben und genießen können!

Tags darauf geht es weiter in die Nähe von Eisenach. Warum denken wir, wie so viele Menschen unserer Generation, eigentlich immer noch in Ost- und Westdeutschland? Klar, wir sind damit groß geworden, es war immer wieder Thema in der Schule. Privat kannte auch immer irgendwer jemanden, der Verwandte, Bekannte oder Freunde „drüben" hatte. Und heute, so viele Jahre später, gibt es allerorten immer noch viel Erinnerungskultur. Aber warum fühlt man sich mit einem Autokennzeichen aus dem Westen auf einem Campingplatz, auf dem die Zeit vor dem Mauerfall stehengeblieben zu sein scheint, fast wie ein Eindringling? Liegt es am eigenen Empfinden oder hat es mit den Blicken der anderen Camper zu tun? Das werden wir wohl nie herausbekommen.

Genauso wie diese Blicke bleiben die Eindrücke vom Schwarzen Moor in der Hoch-Rhön hängen. Da ist dieses wunderbare, mit schlammig-braunem Wasser gefüllte Moor-Loch. Ein fester Handlauf auf der einen und ein dickes Tau auf der anderen Seite laden dazu ein, auf der abfallenden Holzrampe Schritt für Schritt hineinzusteigen und die Tiefe zu erfahren. Ein extra angebrachter Wasserhahn ermöglicht die anschließende Säuberung. Außer uns will jedoch anscheinend niemand die herrliche Einladung annehmen. Der medial geprägte Mensch absolviert seinen Pflichtrundgang auf dem Holzbohlenweg wohl lieber ohne zusätzliche sensitive Erfahrungen.

Dabei stellt sich der anschließende Barfußgang auf den warmen Holzbohlen als sehr angenehm heraus.

Zurück auf dem Campingplatz überraschen uns die riesigen Mengen von Kaulquappen im See. Das Erstaunliche ist aber nicht nur ihre große Menge, sondern vor allem die Beobachtung, dass sie als langes, schmales Band entlang einer unsichtbaren Straße im Wasser wandern – im Zickzack-Kurs. Das erinnert uns an das biblische Volk Israel und seine Wanderung durch die Wüste. Nur Gott kannte das Ziel ihrer Reise. Sicher hat er auch bei der Kaulquappen-Straße das Ziel und den Sinn dieser Wanderung vor Augen. Wie sieht es wohl auf unserer Reise aus?

Insgesamt verläuft dieser Anfangsteil der Reise mit nur wenigen Hochs und Tiefs.

JÖRG: An der Weser sehe ich so viele Radreisende, gut ausgestattet mit Gepäcktaschen, und ich wäre so gern einer von ihnen. Im Moment sind wir nicht bei den Radreisenden angesiedelt, passen aber auch nicht so richtig zu den Wohnmobilisten mit ihren „Dickschiffen". Die sind meistens 20 Jahre älter als wir; Familien mit Kindern in Noahs Alter sind so gut wie noch nicht unterwegs. Auf spannende Begegnungen und Geschichten habe ich gehofft. Aber im Moment machen wir irgendwie nur Urlaub und tingeln durch Deutschland.

Wir wollten doch keinen „normalen" Urlaub machen! Was tun wir hier also gerade? Wir erinnern uns gegenseitig an unsere Abmachung: Wir wollten die Leitung dieser Tour Gott überlassen. Und neben dem „Wohin" müssen wir ihm dann auch das „Wie" der Reise überlassen. Die „Warum"-Frage verkneifen wir uns, denn die Erfahrung hat uns gelehrt, dass es darauf selten direkte Antworten gibt – und schon gar nicht sofort.

Die etwas getrübte Stimmung wird durch die liebevolle Gastfreundschaft von Roswitha und Günter wieder aufgehellt. Sie waren lange Zeit Mitglieder in unserer Kirchengemeinde in Darmstadt, bevor sie hierher zurück in die ehemalige Heimat nach Wurzen zogen. Wir genießen auch das Geschenk eines wunderbar abseits gelegenen Campingplatzes am Zermützelsee in Brandenburg für den Ruhetag. Die offenen Gespräche mit Mario, unserem Platznachbarn, tragen auch zur Versöhnung mit der Situation bei. Mario ist seit 25 Jahren Dauercamper und kennt hier jeden. Noah ist megastolz, dass er auf Marios chromblitzenden Motorrad sitzen darf.

JÖRG: Mario sagt: „Na, mit fünfzig, wenn alles abbezahlt ist, kann man sich ja sowas mal leisten" – ein typischer Ü50-Mann? Unser Nachbar in Darmstadt ist auch in dem Alter und hat sich gerade ein Motorrad gekauft. Was ich wohl brauche, wenn ich 50 werde? Sicher kein Motorrad – vielleicht ein schickes Reiserad mit Rohloff-Nabe? Aber sind solche Dinge überhaupt wichtig oder nur Ersatz für eine sonstige Leere? Ist die Anschaffung eines solchen Sehnsuchts-Gefährts der Ausdruck der fehlenden großen Freiheit, da wir alle so in unserem Alltag und Beruf eingebunden sind?

Rundherum nur Wald, kein Auto- oder Flugzeuglärm, Vogelkonzert im Buchen-Wald, wunderbares Wetter und entspannte Camper – was kann man sich mehr wünschen für seinen Ruhetag?

Einige Tage später haben wir eine sehr berührende Begegnung: Wir brechen vom Jamelsee auf, und wie immer wenden wir uns vor dem Losfahren an Gott, vertrauen ihm bewusst den Tag an und bitten ihn darum, dass er uns zeigt, was wir tun sollen. Und Noah betet speziell um wertvolle Begegnungen.

Nur ein paar Kilometer weiter entscheiden wir uns dazu, noch einen kurzen Stopp am Useriner See einzulegen. Außer uns ist nur Helmut, ein 76-jähriger allein reisender Radfahrer, am Ufer. Den Taschen nach zu urteilen ist er auch eine Weile unterwegs. Jörg kommt mit ihm ins Gespräch, und schon nach wenigen Minuten schüttet ihm Helmut sein Herz aus: Er steckt durch eine Trennung in einer schweren Lebenskrise und ist einfach nur einsam. Das Gespräch dauert eine Weile, und aus dem kurzen Stopp wird ein längerer. Aber wir haben ja Zeit, und vielleicht ist gerade das Zuhören unsere Aufgabe für heute.

Ist man wirklich weit weg von zu Hause, wenn man jeden zweiten Abend mit den Daheimgebliebenen telefoniert? Die Bienen schwärmen, der Honig muss geschleudert werden, und Omas Heimfahrt vom Urlaub steht an. Es fühlt sich jedenfalls nicht weit weg an – oder fehlt uns für das „Weg"-Gefühl einfach nur die Überfahrt mit der Fähre nach Skandinavien?

Bevor es so weit ist, benötigen wir ein paar letzte Dinge auf deutschem Boden: neues Lesefutter für Noah, die vergessenen Buddelutensilien, ein Schachspiel (nach erfolgreicher Erstunterweisung in Wurzen nun Noahs Lieblingsspiel) und nicht zuletzt Mettis Spezialfutter. Wir versuchen alles in Rostock zu bekommen. Wie immer beim Besuch einer größeren Stadt muss einiges passen: Wir benötigen einen bezahlbaren Parkplatz möglichst nah an der Innenstadt, am besten im Schatten. Parkhäuser scheiden meist aus, da unser Bus mit seinem Aufstelldach die zulässige Höhe überschreitet.

Und wir bekommen einen Platz geschenkt! Direkt neben uns beginnt eine wunderbare öffentliche Parkanlage, in der sich Metti vor der Ruhezeit im Auto noch einmal die Beine vertreten kann. Um die nächste Ecke finden wir direkt einen ausgezeichneten Spielwarenladen, der Noahs Bedürfnisse komplett erfüllt. Erst später merken wir, dass sich in der Innenstadt kein vergleichbarer Laden gefunden hätte.

Nur Mettis Futter können wir nicht auftreiben. Wir sind gespannt, wie sich dieses Problem lösen wird – wir wissen aber auch, es wird sich lösen. Es fühlt sich ein bisschen so an, als bekämen wir durch die vielen wunderbar ineinanderpassenden Umstände ganz oft liebevoll über den Kopf gestreichelt, sodass wir wissen, wir sind nicht allein!

Am nächsten Tag sitzen wir auf der Fähre und blicken auf die Ostsee. Als wir im Vorfeld die zu wählende Route diskutierten, kamen uns 1¾ Stunden im dunklen Auto-Deck für Metti sehr lang vor. Bisher hatten wir mit Rücksicht auf sie stets sehr kurze Überfahrten gewählt. Bei der gewählten Fahrtroute kam jedoch mit dem Ausgangspunkt Rostock nur die Überfahrt nach Gedser (Dänemark) in Frage. Und bei der Einweisung auf die Fähre landen wir auf dem oberen offenen Auto-Deck! Also nichts mit Dunkelheit, alles kein Problem! Wieder ein dickes DANKE nach oben!

Ob sich jetzt hier in Dänemark für uns etwas ändert, oder hadern wir weiter mit den Umständen? Erstmal genießen wir unseren Silberhochzeitstag auf einem fast leeren Campingplatz am Meer. Jörg kommt vom morgendlichen Gassi-Gang mit einem Blumenstrauß zurück. Vom Auto aus müssen wir nur wenige Meter den Hang hinuntersteigen zum Meer. So beginnen wir den Tag mit einem Frühstücks-Picknick am menschenleeren Strand. Die frühlingshafte Wassertemperatur der Ostsee kann uns nicht abschrecken, auch (kurz) baden zu gehen.

Später legen wir gemeinsam aus farbigen Steinen ein Hochzeitstag-Mosaik: ein rosafarbenes Herz, eine Blume und eine weiße 25. Das gemeinsame Arbeiten an einem Projekt klappt immer noch so gut wie zu Beginn unserer Partnerschaft, die wir ebenfalls eindeutig als ein Geschenk von oben betrachten!

Reisetechnisch arbeiten wir uns langsam nordwärts und kommen nach Schweden. Uns fällt auf, dass wir die ganze Reise über mit der Apfel- und Fliederblüte nordwärts reisen. Egal wo wir hinkommen, erleben wir einen zum Teil überwältigenden Fliederduft und sehen auch überall viele weißblühende Büsche und Bäume – oder vielleicht fokussiert sich der Blick des Imkers auf sie. Außerdem sehen wir immer wieder Zugvögel nordwärts fliegen. Von Dänemark nach Schweden und von dort in Richtung Norden. Große Schwärme von Wildgänsen – Nils Holgersson lässt grüßen.

Es tut uns gut, so nah an der Natur dran zu sein und den Aufbruch des Lebens im Frühling hautnah zu sehen und zu entdecken. Schön auch, dass

Metti noch lebt und ebenfalls die Abwechslung erleben kann. Wie es ihr geht? Das ist tagesformabhängig. Mal bewegt sie sich schleppend, mal fast springend.

Am *Storsjöen* (= Großer See) in Schweden finden wir einen wunderkleinen Campingplatz. Die Saison hat gerade heute mit unserer Ankunft begonnen, wir sind die ersten Gäste. Leider können wir nicht die zugehörige Grotte im Hoverberg auf der anderen Seite der Straße besichtigen. Der Campingwart ist gleichzeitig der Grotten-Verantwortliche und erzählt uns, dass der letzte Winter so lang und kalt gewesen sei, dass immer noch zu viel Schnee und Eis in der Höhle sei. Schade, aber dafür gibt es ein riesiges Trampolin, auf dem sich Noah austoben kann.

Am nächsten Tag bekommt Jörg eine Auszeit und Anja eine Mutter-Sohn-Zeit. Noah und Anja wandern auf den Hoverberg, während Jörg mit Metti im Auto nach oben fährt. Steile, ausgewaschene Pfade winden sich aufwärts, durch einen Wald, der Gedanken an Märchen- und Fabelwesen aufkommen lässt. Es fühlt sich ein bisschen an wie in Astrid Lindgrens Buch „Ronja Räubertochter", in dem Ronja im finsteren Mattiswald aufwächst. Die waghalsigen Raben-Flugkünstler in der engen Schlucht Rämna erinnern an die Wilddruden im Buch, und der Riss quer über den Weg an den, der seit einem heftigen Gewitter die Mattisburg in zwei Teile teilte.

Oben empfängt uns eine wunderbare Aussicht über den Storsjöen, die Noah mit „Das ist auf einmal so frei hier!" kommentiert. Im See soll es ein Ungeheuer geben, ähnlich dem vom Loch Ness. Es gibt extra ausgewiesene Stellen, an denen es angeblich besonders häufig gesichtet wurde. Auf dem Parkplatz unterhalb des Gipfels warten schon Jörg und Metti.

Direkt neben unserem Bus steht der VW-Bus eines jungen Schweizer Pärchens – sie befinden sich auf ihrer Hochzeitsreise. Abends in Östersund reihen sich dann noch Günther und Ursula in den „Hochzeitsreiseclub" ein: Ihr Reiseanlass ist ihre goldene Hochzeit. Wir alle sind auf unterschiedliche Arten nach Norwegen unterwegs. Es tut gut, mit Günther und Ursula über eine verantwortungsvolle Lebensweise mit unseren Kindern, unserer Umwelt und der Schöpfung allgemein ins Gespräch zu kommen. Durch die beiden wird bei uns auch wieder die Diskussion angeregt, auf welcher der großen Strecken wir weiter in Richtung Norden, sprich nach Tromsø in Norwegen, gelangen.

Wir entscheiden uns, das Landesinnere von Schweden bei der nächsten Möglichkeit zu verlassen, um östlich am Bottnischen Meerbusen weiter-

zufahren. Der Gedanke an einen Zwischenstopp in der Stadt Umeå wird schnell fallen gelassen, da wir sie als wenig besucherfreundlich empfinden: überall Baustellen, Sackgassen, wenig hilfreiche Beschilderungen und erst recht keine verfügbaren Parkplätze.

Umso mehr genießen wir die gastfreundliche Atmosphäre auf dem kleinen Stellplatz außerhalb des Ortes Ratan. Als wir dem Stellplatzwart erklären, dass wir die vorgesehene Parkzeit von maximal 24 Stunden gern wegen unseres Ruhetages verlängern würden, bietet er uns spontan an, direkt vor seinem Haus im Ort zu parken und auch sein Bad mitzunutzen, falls der Stellplatz voll werden sollte. Wird er aber nicht, und wir können entspannt in den Abend gleiten. Die Nächte sind jetzt Anfang Juni hier oben schon komplett hell, allenfalls ein leichter Anklang an Dämmerung ist zu bemerken.

Ein paar Tage später in Schwedisch-Lappland treffen wir „Greuli" (eigentlich Holger Greulich). Er steht mit seinem Zelt und seinem russischen Motorrad, Baujahr ´84, direkt neben uns. Sein Optimismus und seine Lebensfreude sind ansteckend. Greuli befindet sich auf einer 7.500 Kilometer langen Tour vom Harz zum Nordkap und über Murmansk zurück. In seinem Beiwagen hat er einen Sack voll Werkzeug, um die Maschine immer wieder flott zu machen.

Bei einem gemeinsamen Frühstück tauschen wir unsere Ideen und Träume, aber auch unsere Ansichten über die großen Themen des Lebens aus. Über Gott und den Glauben hat er als Atheist eine ganz andere Auffassung als wir, was aber der Qualität der Gespräche keinen Abbruch tut. Wir können uns gegenseitig in unserer Andersartigkeit stehen lassen und verabschieden uns sehr herzlich.

Irgendwann landen wir in Jokkmokk, dem Zentrum der Sami in Schweden. Außer einem beeindruckenden Museum zur Sami-Kultur und zur Natur hier oben sieht und spürt man davon allerdings wenig. In Jokkmokk haben etwa 5.000 Menschen ihren festen Wohnsitz. Beim traditionellen Wintermarkt werden die Rentiere zusammengetrieben und es kommen 20.000 Menschen in den Ort.

Wir freuen uns nach einem sehr aufschlussreichen Museumsbesuch, dass wir auf dem Campingplatz Ruhe finden. Es gibt am Ort übrigens zwei Plätze – einen großen, luxuriöseren am Ortseingang und den kleinen, familiären und wunderbar naturnahen am Ortsausgang, den wir glücklicherweise gewählt haben. Die Betreiberfamilie kommt aus den Niederlanden und schafft es, eine echte Wohlfühlatmosphäre zu verbreiten. Sie haben den Platz erst seit dieser Saison übernommen – ihr Lebenstraum. Noah freundet sich sofort mit ihrem Sohn an und ist zwischen Rumsausen mit Gokart, Kaninchen füttern und Toben kaum mehr in unserer Nähe.

Immer mal wieder treffen wir auf uns bereits bekannte Reisende und erkennen das eine oder andere Nummernschild wieder. Man unterhält sich und so erfahren wir, dass der Schneefall an der schwedisch-norwegischen Grenze bei Kiruna tatsächlich so heftig gewesen ist, dass mehrere Wohnmobile dort zwei Tage ausharren mussten. Die Schneepflüge mussten erst den Pass räumen, bevor an Weiterfahrt zu denken war. Da hatten wir es bisher „nur" mit der Kälte und dem Wind doch ganz gut!

Die Nächte sind hier unter null Grad und das sind auch die Aussichten für die nächsten Tage. Wenn wir am frühen Morgen mit Metti raus müssen, beneiden wir die Menschen mit großen Wohnmobilen, deren Heizungen fröhlich die ganze Nacht durch tuckern. Angesichts dieser Wetteraussichten schlagen wir uns nun doch in östliche Richtung über Överkalix nach Rovaniemi in Finnland – hier soll es ein paar Grad wärmer sein. Wir machen uns immer wieder klar, dass hier eben einfach noch kein Sommer ist.

In Rovaniemi entscheiden wir uns, das volle Programm mitzunehmen: Stadt erkunden, der alten Messerfabrik Maartini einen Besuch abstatten und eine Wanderung zu den Sprungschanzen machen. Die Stadt ruft den Begriff „verdichtete Zweckmäßigkeit" hervor, wahrscheinlich, weil sie nach ihrer kompletten Zerstörung durch die Deutschen im Zweiten Weltkrieg rein nach den Kriterien der Zweckmäßigkeit wiederaufgebaut wurde. Und wenn man sich die hiesigen Wetterdaten rund ums Jahr anschaut, ist auch tatsächlich die Zweckmäßigkeit der untereinander verbundenen Einkaufscenter überzeugend: trockenes, warmes Shopping mit kurzen Wegen.

Auf dem terrassiert angelegten Campingplatz bietet sich uns die Möglichkeit, vergleichende Kulturstudien anzustellen. Hier trifft sich halb Europa. Besonders bemerkenswert finden wir eine Reisegruppe bestehend aus mehreren französischen Wohnmobilen. Für das gemeinsame warme Abendessen wird, in unseren Augen, ein immenser Aufwand betrieben. Es wird lange und ausgiebig gekocht, die Tische im offenen, zugigen Küchengebäude werden ordentlich gedeckt, und zu Beginn des Mahls wird jeder vor die Wahl „roter oder weißer Wein" gestellt. Schublade „typisch französisch" auf – Schublade zu!

Bei unserer Abfahrt entscheiden wir, wohl mehr für Noah als für uns, noch das Polarkreis-Center zu besuchen, das etwas außerhalb der Stadt liegt. Die Finnen beanspruchen für sich, dass hier der Wohnort des Weihnachtsmannes sei. Entsprechend großräumig ist die Lokalität auch aufgezogen. In mehreren Gebäuden gleichzeitig kann man den Weihnachtsmann zwecks gemeinsamer Fotoshootings treffen. Wie er das nur macht? Die Fotos kann man anschließend für teures Geld erwerben. In unzähligen Souvenir-Shops werden Weihnachtsartikel, warme Mützen, Pullis und Handschuhe angeboten oder in den angesagten Design-Läden Produkte großer finnischer Marken verkauft.

Noch ist ja nicht Hauptsaison und das Treiben überschaubar – unser Ding ist es trotzdem nicht und wir flüchten. Wir haben den Wunsch, endlich nach Norwegen zu kommen, und entscheiden uns für die Stadt Tromsø als nächstes größeres Ziel. Dort möchte Anja endlich den Gutschein über einen Cappuccino im dortigen Hafen einlösen, den ihr Jörg vor etwa sieben Jahren geschenkt hat.

Doch zuerst müssen wir noch durch die Weiten der finnischen Wälder fahren. Das ist definitiv kein Gebiet, das wir jemals mit dem Rad bezwingen wollen. Bis auf ganz wenige Ausnahmen ist die Gegend eher flach und wir fahren stundenlang nur durch Wälder ohne irgendwelche Aussichtspunkte. Eine dieser Ausnahmen ist Kitilä, ein Skigebiet, das sich wie aus dem Nichts aus den Wäldern erhebt.

Hier erleben wir die Tristesse zwischen den zwei Hauptsaisons: Winter und Sommer. Gefühlt hat der Skizirkus erst vor ein paar Wochen seinen Betrieb eingestellt. Im verlassen wirkenden Dorf, das aus architektonischen Kopien von Alpenhotels besteht, stehen mehr Schnee-Scooter als Autos, und auf den Pisten liegen noch die letzten Schneereste. Am Rande der Skipiste wartet ein riesiger, mit Folie bedeckter Schneeberg auf den Beginn der nächsten Wintersaison. Von Sommer ist hier noch keine Spur.

Eine weitere Nacht später stehen wir noch nördlicher am schwedisch-finnischen Grenzfluss Muonionjoki an einer Furt. Hier sehen wir zum ersten Mal auf der Reise die Mitternachtssonne. Im Sommer kann man mit kleinen Booten zum Ort auf der schwedischen Seite gelangen, im Winter ist es ein ausgewiesener Eisweg, der mit Fahrzeugen aller Art befahren wird.

Am nächsten Tag überqueren wir den Muonionjoki weiter nördlich bei Karesuando auf einer der wenigen Brücken und statten der nördlichsten

Kirche Schwedens einen Besuch ab. Es ist ein sehr einladendes, helles Gebäude.

Mittlerweile haben wir uns ganz gut mit dem Gedanken arrangiert, dass unsere Reise nun eben keine Radtour ist. Wir müssen aber auch ehrlich sein: Die letzten Wochen waren schon von vielen Momenten des Haderns durchzogen. Da Metti jetzt dabei ist, können wir keine mehrstündigen Touren in der Natur machen. Wir sind mehr oder weniger an das Auto gefesselt. Wenn wir genau hinschauen, müssen wir auch zugeben, dass die alte Dame immer deutlicher abbaut. Auf der anderen Seite hätten wir viele Begegnungen nicht gehabt, wenn wir gleich mit dem Rad losgefahren wären.

Auf der E8 geht es weiter in Richtung Dreiländereck Schweden-Finnland-Norwegen. Die ausgeschilderten Ortschaften bestehen meistens nur aus drei oder vier Häusern oder aus einer Handvoll Briefkästen an der Straße.

Wir lassen Finnland hinter uns und kommen endlich nach Norwegen. Schon kurz hinter der Landesgrenze verändert sich die Landschaft. Hatten wir in Finnland den Eindruck, in den ausgedehnten Wäldern ohne Ausblick gefangen zu sein, haben wir hier in Norwegen wieder das Gefühl, durch einen riesiges 3-D-Kinofilm zu fahren: grandiose Felswände, klare Bergflüsse, zwei Elchkühe stehen als persönliches Begrüßungskomitee direkt am Straßenrand. Und immer wieder fantastische Ausblicke auf beschneite Bergkuppen oder in Täler.

Trotzdem können wir den lang ersehnten Anblick nicht so richtig genießen. Metti geht es zusehends schlechter. Sie hat jetzt noch Durchfall bekommen. Beim Gassi gehen weiß sie eigentlich nicht mehr, wo sie hinwill. Oft steht sie einfach nur da, als wolle sie sagen: „Macht mich doch einfach von der Leine los, ich verkriech mich unter einem Busch!" Von Natur aus würde sie wohl jetzt genau das tun: sich zum Sterben irgendwo verkriechen. Für uns wird es zunehmend zur Gewissheit: Wenn es sich nicht bessert, müssen wir bei nächster Gelegenheit einen Tierarzt aufsuchen und Abschied nehmen. Metti kann nicht mehr.

Vor unserer Abfahrt haben einige unserer Bekannten scherzhaft gesagt: „Mette will bestimmt noch mal nach Norwegen!" Genau das hat sie jetzt gerade noch erreicht. Der nächste große Ort ist Tromsø, hier werden sich unsere Wege trennen. Die Möglichkeit, sie hinterher selbst zu begraben, gibt es nicht. Der Untergrund ist felsig, man kann mit dem Auto nicht abseits in die Natur fahren, und tragen können wir diesen großen Hund natürlich auch nicht weit. Sicher wäre es auch nicht erlaubt, Metti wild zu begraben.

ANJA: Ich staune, dass Jörg so ruhig Auto fahren kann, obwohl er weiß, dass dies gerade Mettis letzte Fahrt ist. Ich sitze in Tränen aufgelöst neben ihm und hoffe nur, dass Noah das alles gut verarbeiten kann.

Ja, und dann befinden wir uns genau an der Stelle, mit der dieses Buch beginnt: nach dem Abschied von Mette vor der Tierklinik in Tromsø. Wir müssen uns der Frage stellen, wie die Reise nun weitergehen kann. Wir könnten noch weiter Richtung Norden fahren, genau genommen noch 539 Kilometer, dann wären wir beim Nordkap, aber wollen wir das auch?

In Jörgs Tagesaufzeichnungen steht an diesem Tag:

Mein Wunsch, den wir auch diskutiert haben, war erstmal: Wenn wir schon so viel Zeit haben und gerade so weit im Norden sind, dann möchte ich gern entweder zum Nordkap oder nach Kirkenes, den Grenzort zu Russland. So haben wir vor ein paar Tagen noch überlegt, ob wir vielleicht über Inari in Nordfinnland nach Kirkenes fahren, haben dann aber die Wetterprognose und die Fahrtstrecken studiert und uns nach einigen Überlegungen für Tromsø entschieden. Für mich nur eine Etappenentscheidung, denn von Tromsø aus gibt es ja auch eine Straße zum Nordkap, dachte ich. Das war aber eigentlich so ein ICH-möchte-aber-Wunsch von mir. Es war nicht das Hinhören darauf, wo unser Weg hinführen soll.

Bei unseren Gesprächen an diesem Abend machen wir uns nochmal klar: Wir wollten eine Reise unternehmen, bei der wir uns führen lassen wollten. Wir müssen aber zugeben, dass wir bisher oft unseren eigenen Plan gemacht und unsere eigenen Vorstellungen von der Reise gehabt haben. Wir haben vorher genau geplant, wo die Radreise langführen soll, und uns mit entsprechenden Landkarten eingedeckt. Das passt natürlich nicht zusammen.

Durch diesen ersten Abschnitt der Reise haben wir das Loslassen gelernt und sind jetzt bereit, uns durch alles Weitere tatsächlich führen zu lassen. Insofern war auch der erste Reiseabschnitt wichtig und notwendig für unsere innere Einstellung, auch wenn wir zunächst so damit gehadert haben.

Tromsø

Bodø

Trondheim

VON TROMSØ NACH TRONDHEIM

Interessanterweise sind die Destinationen „Nordkap" oder „Kirkenes" nach dem Tod von Mette überhaupt nicht mehr interessant für uns und die entsprechenden Wünsche wie weggeblasen. Erst einmal ist da eine richtige Leere, auch wenn im Grunde abzusehen war, dass die Lebenserwartung eines sechzehnjährigen Hundes nicht mehr sehr hoch ist. Aber was sind schon Fakten gegen Gefühle? Diese Leere mit all ihren Chancen und Möglichkeiten, aber auch mit ihren Fragen, gilt es nun zu füllen.

Heute Nachmittag reicht unsere Kraft nur noch für eine kleine Wanderung ins Hinterland von Tromsø. Die Ruhe tut uns gut, und wir spüren noch die Anstrengung der vergangenen Stunden.

Wir haben viel miteinander zu reden, um das zu verarbeiten, was in den letzten Tagen passiert ist. Hier gibt es hübsche schwarz-weiß-gemusterte Steine, sie erinnern uns an Mettis Fell. So nehmen wir jeweils einen Metti-Erinnerungsstein als Andenken mit. Als wir auf dem Rückweg, beim Verlassen des Tales, der Frage nachhängen, ob wir die richtige Entscheidung getroffen haben und ob es wirklich dran war, mit Metti in die Tierklinik zu gehen, schickt uns der Himmel einen Regenbogen, der sich genau über die Stelle spannt, an der wir die Erinnerungssteine gefunden haben. Das Licht und die Farben geben uns das Gefühl: Es ist alles gut so! Und es ist jemand da, der über alles wacht.

Wir haben uns immer gewünscht, diese Entscheidung für unsere Hündin nicht treffen zu müssen – wer möchte schon eine Entscheidung über Leben und Tod fällen? Doch nun spüren wir, wie langsam Frieden in uns aufsteigt.

Abends gehen wir dann noch in die campingplatzeigene Sauna, die wir für uns ganz allein haben, und dann können wir viel Schlaf nachholen, ohne morgens als Erstes rauszuspringen, um Gassi zu gehen.

Den nächsten Tag lassen wir langsam angehen, dann nehmen wir unsere Räder und fahren nach Tromsø hinein und einmal um die Insel herum, auf der die Stadt liegt. Wir lassen uns durch eine junge und lebendige Stadt treiben, in der die Menschen die Sonne genießen und in den Straßencafés am Hafen sitzen, um den Schiffen oder anderen beim Flanieren zuzuschauen. Tromsø wirkt ganz und gar nicht wie ein kühler Ort, mehrere hundert Kilometer nördlich des Polarkreises, eher wie eine aufstrebende, moderne, pulsierende und offene Stadt. Viele Baustellen zeugen davon, dass es momentan die norwegische Stadt mit dem größten Zuzug ist. Es ist hip, in Tromsø zu wohnen! Auch wenn zum Teil recht große Wohnsiedlungen gebaut werden, so zeigt hier die skandinavische

TROMSØ

– Größte Stadt im Norden des Landes (achtgrößte Stadt Norwegens)

– ca. 75.000 Einwohner, davon 10.000 Studierende in der weltweit nördlichsten Universität. Verdreifachung der Bevölkerung in den vergangenen 50 Jahren

– Lage: ca. 350 km nördlich des Polarkreises. Entfernung von Oslo: ca. 1630 km, von Frankfurt: ca. 3000 km

– Es gibt keine Eisenbahnverbindung nach Tromsø, aber einen internationalen Flughafen mit Direktflügen von und nach Deutschland

– Temperaturen: Juli und August sind mit einer durchschnittlichen Temperatur von 12° C die wärmsten Monate. Selten wird es im Sommer über 20° C und im Winter unter -10° C. Jahresdurchschnittstemperatur: 2,5° C

– Sehenswürdigkeiten: Eismeerkathedrale von 1968 mit Europas größtem Glasmosaik-Fenster, zahlreiche Museen, Fjellheisen-Seilbahn (418 m Höhe) mit Aussicht über die gesamte Stadt und die Insel Tromsøya

– Besonderheiten: Nördlichste Brauerei der Welt (Mack-Øl), der Kapitän und Gründer der Hurtigruten, Richard With (1846-1930) stammte aus Tromsø, Mitternachtssonne: 17. Mai bis 24. Juli, Nordlichter: September bis März

Weitere Infos: www.visittromso.no

Architektur mit ihrer Ausdrucksstärke, was alles möglich ist, und definiert Holzbau neu.

Irgendwann ruft Jannis, unser ältester Sohn, an – wir haben ihm tags zuvor schon kurz erzählt, dass Mette, die ihn fast seine gesamte Kindheit begleitet hat, nicht mehr da ist. Im Gespräch stellt sich heraus, dass er in der kommenden Woche Urlaub hat und noch nicht dazu gekommen ist, irgendetwas zu buchen oder zu organisieren. Nun hat er die Idee, zu uns zu fliegen. Wir entwickeln einen Plan: Jannis fliegt nach Bodø, das 550 Kilometer weiter südlich auf Höhe der Lofoten liegt, und wir werden ihn, mit dem VW-Bus von Norden kommend, dort abholen. Danach wollen wir gemeinsam nach Trondheim reisen, von wo aus dann endlich das Abenteuer Radreise für uns drei andere beginnen soll, während Jannis den Bus zurück nach Darmstadt fährt.

Das bedeutet für uns, dass wir uns ziemlich ranhalten müssen, um ihn drei Tage später in Bodø zu treffen. Außerdem ist die Frage, ob Jannis so kurzfristig noch eine Begleitung finden kann, um nicht allein von Trondheim nach Darmstadt zurückfahren zu müssen – so romantisch und abenteuerlich sich ein Roadtrip durch Norwegen anhört, es sind immerhin knapp 2.000 Kilometer, die gefahren werden wollen.

Neu belebt von den Plänen sind wir noch lange unterwegs und können das Leben auch wieder genießen. Erst abends nach 22 Uhr kommen wir wieder am Campingplatz an – bei strahlendem Sonnenschein. Und die Sonne wird auch die ganze Nacht nicht untergehen.

Die Mitternachtssonne ist etwas, an das wir uns gut gewöhnen könnten. Auch wenn es nördlich des Polarkreises meistens etwas kühler ist als weiter im Süden, so scheint hier die Sonne in den Sommermonaten ununterbrochen – gesetzt dem Fall, dass der Himmel nicht bewölkt ist. Wir merken, dass uns die ständige Helligkeit gute Laune macht, wir mehr Energie verspüren und weniger Schlaf brauchen.

Letzteres scheint auch bei Noah der Fall zu sein – fast immer ist er so lange auf wie wir. Besonders spannend ist zu sehen, dass auch die Natur sich diesem Phänomen angepasst hat: Die Blüten vieler Pflanzen sind viel größer als weiter im Süden und wirken dadurch ungewöhnlich farbenprächtig. Insekten sind auch in der Nacht aktiv, und sogar viele Vögel scheinen keinen Schlaf zu brauchen. Die kurzen intensiven Sommer lösen die meist langen Winter beinahe überfallartig ab: Pflanzen und Tiere haben nur ein kurzes Zeitfenster, um sich um Ernährung und Vermehrung zu

kümmern. Diese Anpassungsfähigkeit wurde auf wundervolle Art schon in der Schöpfung angelegt und bereitet uns beim Beobachten Freude.

Auch die Norweger selbst nutzen die zusätzlichen Stunden. Wir beobachten, wie eine ältere Norwegerin um Mitternacht ihren Rasen mäht – nur mit einem BH und Shorts bekleidet. Andere Leute streichen nachts ihre Häuser oder treffen sich zu gemeinsamen Bergtouren. Das ist nun mal der norwegische Sommer, und wenn schon mal die Sonne scheint, dann muss das ausgenutzt werden, und die Uhrzeit ist relativ egal.

Auch für Fotografen ist das Licht der Mitternachtssonne etwas Besonderes: ein ganz warmes, weiches Licht mit langen Schatten, das die Strukturen der Landschaft fein herausmodelliert.

Auf die Frage, ob es denn nicht sehr trist sei, die langen, dunklen Winter zu „überleben", sagte uns eine norwegische Freundin: „Der Winter ist gar nicht so dunkel, wie man denkt, da ja meistens Schnee liegt und dann die Landschaft viel heller wirkt!" Ja, regelmäßig ordentliche Winter mit Schnee, das wäre was! Aber der Gedanke an den Winter ist für uns gerade noch sehr weit weg, denn für uns scheint dieser Sommer mit unserer dreimonatigen Tour endlos zu sein.

Als wir von unserem ausgedehnten Tagesausflug zurückkommen, steht neben uns ein älteres deutsches Wohnmobil mit Segeberger Kennzeichen. Moment, haben wir das nicht irgendwo schon mal gesehen? Ja, richtig, vor einer Woche in Rovaniemi in Finnland. Schnell kommen wir mit Kerstin und Thorsten ins Gespräch. Sie haben einen Jack Russell-Terrier und übernehmen dankbar unser restliches Hundefutter. Aber was viel wichtiger ist, sie haben ein Ohr für den „Unser-Hund-ist-verstorben"-Kummer. Und das tut gut.

Während wir uns unterhalten, darf Noah mit ihrem Hund Lilly spielen und ihr Bällchen werfen. So eine Jack Russell-Dame hat unendliche Energie und Noah seine Freude, da solche Spiele mit Metti schon lange nicht mehr möglich waren.

Im weiteren Gespräch kommen wir darauf, dass der Sohn von Kerstin und Thorsten gerade nach Darmstadt – unsere Heimat – gezogen ist und dort sein Studium begonnen hat. Wir sprechen am nächsten Morgen noch über die jeweiligen weiteren Reisepläne und vereinbaren, uns auf jeden Fall in Deutschland wiederzusehen.

Die Zeit in Tromsø und die Begegnungen haben uns gutgetan. Jetzt beflügelt uns aber der Gedanke, Jannis nach mehreren Wochen wiederzusehen und dann unsere Reise mit dem Rad fortzusetzen. So ändern wir am nächsten

Tag, am Freitag, unsere Reiserichtung und brechen in Richtung Süden auf, um Jannis am Sonntag in Bodø zu treffen – leider hat er immer noch keine Reisebegleitung gefunden, was uns etwas Sorgen bereitet.

Zum ersten Mal auf unserer Reise haben wir nun einen festen Termin: Flughafen Bodø, Sonntagabend. Scheint aber machbar, auch wenn uns ein paar Fähren zur Entschleunigung zwingen und wir am Samstag wie gewohnt unseren wöchentlichen Ruhetag einlegen. Auf eine der Fähren müssen wir knapp zwei Stunden warten, da sie nur zweimal täglich fährt und wir uns vorher nicht über die Abfahrtszeiten informiert haben.

Für die einen ist Reisen ein Sich-treiben-lassen, für die anderen geht es darum, Ziele zu erreichen. Immer wieder begegnen wir Menschen aus der einen oder anderen Kategorie.

Ein halbes Jahr vor unserer Tour übernachtete ein Radfahrer über *Warmshowers* bei uns. Sehr gut ausgestattet radelte er von Spanien nach Berlin. Schon lange vor der Tour hatte er sich jede Tagesetappe am Computer aus einer Vielzahl von Tracks aus dem Internet zusammengestellt. Diese geplanten Tagesetappen hat er dann in sein Fahrradnavi und sicherheitshalber noch auf sein Smartphone geladen.

Er selbst sagte uns: „Eigentlich erlebe ich gar nicht viel, da der Tagesablauf immer klar ist: morgens aufstehen und meine geplante Tagesetappe abradeln, Karten brauche ich dafür nicht, da mir das Navi zuverlässig zeigt, wann ich abbiegen muss. Mein Rad ist top ausgestattet und ich hatte bis jetzt keine Pannen. Auch wenn die Strecke insgesamt weit ist, empfinde ich es nicht wirklich als Abenteuer, da ich auch fast keine Berührungen mit der lokalen Bevölkerung habe."

So absolut durchgeplant zu fahren, wäre für uns nicht im Ansatz verlockend. Die Geschichte von unserem Gast hatte aber noch etwas zum Schmunzeln: Er hat sich so sehr auf die technische Navigation verlassen, dass er an dem Tag, an dem er zu uns fuhr, erst etwa fünf Kilometer vor Ende seiner Etappe gemerkt hat, dass er noch gar nicht in Darmstadt ist, geschweige denn in der Nähe. Was war passiert? Beim Planen seiner Übernachtungen hatte er übersehen, dass es noch zwei Etappen bis zu uns sind und nicht nur eine. So musste er an dem Tag wohl oder übel noch eine weitere Tagesetappe fahren, sonst hätte das Timing der folgenden Übernachtungen nicht funktioniert.

An der letzten Fähre haben wir während der Wartezeit eine weitere interessante Begegnung und treffen Leute, die mit einer ganz anderen Intention auf Reisen sind: Sonntagmorgen, an irgendeinem Fähranleger in Nordnorwegen, ein paar Autos fahren in die Warteschlange, einige Menschen steigen aus, und die Gesamtszene macht klar, dass der Tag noch nicht richtig Fahrt aufgenommen hat. Die meisten scheinen noch müde zu sein, ein paar Thermoskannen und Kaffeebecher werden ausgepackt und der morgendlichen Kühle entgegengesetzt. Die Sonne scheint.

Ein holländischer Jaguar, mit Aufklebern übersät, betritt beziehungsweise befährt die Szene: Türen auf, junge Leute steigen aus und der Platz wird mit Carlos Santanas „Oye Como Va" in einer überlangen Liveversion beschallt. Und schon fangen alle Herumstehenden an mitzuwippen, zu tanzen oder sonstwie den Rhythmus aufzufangen. Tschakka, der Tag bekommt gute Laune. Norweger sind gar nicht so steif, wie sie manchmal wirken!

Später auf der Fähre kommen wir mit dem Fahrer des Jaguars ins Gespräch. Es stellt sich heraus, dass sie an einer Rallye Holland-Nordkap teilnehmen, bei der über 500 Teams mitfahren. Die Gewinner haben die Strecke in unglaublichen 3 Tagen bewältigt. Jetzt, auf dem Rückweg, haben sie etwas mehr Zeit – eine Woche. Auch wenn Motorsport so gar nicht unser Ding ist und diese Typen auf jeden Fall zu der Kategorie „Reisen heißt, schnellstmöglich ein Ziel erreichen" gehören, so haben sie es doch geschafft, diesem Morgen buchstäblich den richtigen Drive zu geben und bei uns in positiver Erinnerung zu bleiben.

Auf den meisten Straßen Norwegens sind nur 80 km/h erlaubt, und so schaffen wir es faktisch auf den letzten Drücker, pünktlich in Bodø am Flughafen zu sein. Die Zeit reicht gerade noch dafür, dass Noah, der schon den ganzen Tag vor Freude wie ein Gummiball umhergehüpft ist, ein Willkommensplakat für seinen großen Bruder malen kann, bevor er ihm live und in Farbe voller Inbrunst in die Arme fliegt. Wie schön, das als Eltern zu sehen!

Auf dieses Wiedersehen hat sich Noah schon die ganze lange Strecke von Tromsø nach Bodø gefreut. Sein großer Bruder ist ganz wichtig für ihn. Zu unserer Überraschung und Freude hat Jannis kurzfristig doch noch eine Reisebegleiterin gefunden: Als er am Abend vor dem Flug in unserer Kirchengemeinde von seinem Roadtrip erzählte, hat sich Dorina spontan entschieden mitzukommen. Sie war schon mal eine Zeit lang in Norwegen, hat Lust auf den Kurztrip und ist eine perfekte Ergänzung des Teams.

Saltstraumen, der weltweit stärkste Gezeitenstrom, der sich etwa 30 Kilometer von Bodø entfernt durch eine Meerenge drängt, ist unser erstes gemeinsames Ziel. Hier gibt es einen netten Campingplatz, der direkt am Südufer dieser Meerenge liegt und gute Angelmöglichkeiten bietet.

Bei jedem Wechsel von Ebbe und Flut werden große Mengen nährstoffreichen Wassers mit einer Geschwindigkeit von bis zu 40 km/h durch einen schmalen Sund (Meeresenge) gepresst. Das lockt viele Fische an, die in der Strömung schwimmen.

Vor sieben Jahren waren wir schon einmal hier: Anja, die mit Noah schwanger und von Dauerübelkeit geplagt war, unsere teenagergelaunte Tochter Ammely und Jörg. Dieser versuchte damals zunächst vergeblich, Fische zu fangen, bis er mit einer Norwegerin ins Gespräch kam, die neben ihm einen Fisch nach dem anderen rausholte. Ihr Geheimtipp: *Du skal bare bruke den grønne fiskesluken!* (Du solltest hier nur den grünen Blinker nehmen). Und nachdem sie ihm einen ihrer „Grünen" geschenkt hatte, angelte auch Jörg Fische ohne Ende. Ob das dieses Mal auch funktionieren wird?

So machen wir uns abends mit zwei Angeln und ein paar „Grünen" auf den Weg zum Ufer. Einen Angelschein für das Angeln im Meer in Norwegen brauchen wir nicht, das ist für jeden frei.

Und tatsächlich: Dank der guten Strömung halten sich einige Fischschwärme direkt vor uns auf – nach sieben Seelachsen beenden wir um 00:30 Uhr die Angelei und denken: *Uupps, wer soll das denn alles essen?* Die nächsten zwei Tage wird es dann wohl Fisch geben … Selbst Dorina als „Erstanglerin" und Vegetarierin hat einen Seelachs gefangen.

Morgens (also so gegen 12:00 Uhr) fahren wir weiter Richtung Süden – 700 Kilometer bis Trondheim. Tourstopp am Polarkreis, Kaffeekochen, T-Shirt kaufen, obligatorisches Foto … Weiter und weiter und weiter durch sehr wechselhaftes und zum Teil sehr nasses Wetter bis zu einem Stellplatz zwischen einem See und der E6. Wir braten Fisch auf dem Holzkocher, bis der große Regen kommt, der auch die ganze Nacht nicht nachlässt.

JÖRG: Morgens wache ich auf, und erste Ängste kommen hoch, als mir klar wird, dass dies gerade unsere letzte Nacht im Auto war... Falls wir direkt im Regen losfahren und das Zelt im Nassen aufbauen müssen, wird es wohl ein denkbar schlechter Start.

Vor der Abfahrt springe ich noch spontan in den See. Jannis ist auch dabei und selbst Noah hält die Wassertemperatur von 12 Grad nicht ab. Und dann, ich hätte es fast nicht geglaubt, kommt die Sonne raus und wir können sogar das Zelt trocken verpacken.

Die Fahrt nach Trondheim ist ein Schlauch und auch ein bisschen Fahren gegen die Zeit. Der erste Stopp mit Mittagspause erst nach 200 Kilometern in Steinkjer. Dann noch 120 Kilometer bis Trondheim. Regen, Wind, Regen, starker Wind…. Angst, wie wird die erste Nacht?

Wir entscheiden, sicherheitshalber eine Hütte zu nehmen. Auf dem ersten Camping-platz mit 2 Sternen soll sie eigentlich 800 NOK (ca. 84 €) kosten – der Besitzer würde sie uns für 700 NOK geben. Zu teuer! Zweiter Campingplatz mit 3 Sternen: eine kleine Hütte ohne Bad, 630 NOK. Wir werden doch lieber zelten = 200 NOK.

Der Regen hat mittlerweile aufgehört und wir finden eine windstille Stelle direkt hinter einem kleinen Hügel. Während wir alle notwendigen Sachen aus dem Bus zerren, bauen Dorina und Jannis schon mal unser Zelt auf, da wir die Befürchtung haben, es werde gleich wieder losregnen. Aber dem ist nicht so. Hoffentlich haben wir nichts im Auto vergessen!

Für mich fühlt es sich ganz komisch an, jetzt die Sicherheit, die Wärme und die Flexibilität des Autos hinter uns zu lassen.

Jannis sagt nur: „Dann müsst ihr also jetzt mal eure Komfortzone verlassen!" Jannis, der gerade seine Bachelor-Arbeit über Erlebnispädagogik geschrieben hat. Das sitzt!

ANJA: Endlich soll es also losgehen mit der eigentlichen Radtour! Endlich! Ich freue mich riesig, dass dieses Abenteuer nun beginnt. Auch das Wissen um bevorstehende Tiefpunkte, um diese typischen „Was-mache-ich-hier-eigentlich"-Situationen kann mich nicht abschre-cken. Die Erfahrung sagt mir, dass am Ende die Dankbarkeit und der Stolz, es gemacht und geschafft zu haben, alles aufwiegen wird, und dieses Gefühl trägt.

Aber hoppla, da höre ich deutlich auch eine zweite Stimme in mir. Die Noah-Mama: Können wir Noah da wohlbehalten durchbringen? Für die entsprechende materielle Aus-stattung haben wir ja gesorgt. Mit Noahs psychischer Ausstattung kämpfen wir da schon etwas länger. Er ist extrem empfindlich, was das Einhalten seiner Wohlfühlzone anbelangt: regelmäßige Mahlzeiten, Verwirklichung seiner höchsteigenen Ideen, Vorstellungen, Pläne … Wird ihm so eine Tour dabei helfen, seine Frustrationstoleranz zu erweitern, oder geht das über seine Grenzen? Wir werden sicher nicht immer genau dann einen Platz zum Nächtigen finden, wenn er genug hat.

Und dann meine Angst vor mir selbst: Wie werde ich es aushalten, so viele Nächte in dem kleinen Dreimann-Zelt mit Noah zu verbringen? Seine Diskussionsfreudigkeit in Situationen, in denen ich vielleicht einfach nur schlafen, nicht noch etwas vorlesen und vielleicht nicht mal kuscheln will? Je älter ich werde, umso enger werden da auch meine Grenzen. Aber ich habe es ja so gewollt, jetzt heißt es, alle Energien auf START zu konzentrieren.

Wie Jannis sagte: Wir müssen unsere Komfortzone verlassen. Aber wo ist die persönliche Komfortzone? Haben wir sie nicht schon die vergangenen sechs Wochen verlassen? Zu dritt mit Hund in einem VW-Bus ohne Standheizung bei Nachtfrost in Skandinavien?! Komfortzone verlassen hieß auch, das Familienmitglied Metti in einem fremden Land mit einer fremden Sprache auf ihrem letzten Gang zu begleiten.

Ja, wir wissen, dass es gut ist, zumindest hin und wieder seine Wohlfühlzone zu verlassen oder zumindest zu überdenken. Zu welchem Preis und auf wessen Kosten lebe ich meinen Komfort? Was brauche ich wirklich? Was macht uns und unser Leben aus? Sind es die Dinge, die unser Leben gemütlich und bequem machen, oder die Erlebnisse und Erfahrungen, die unser Leben reicher machen?

Wir merken auf jeden Fall, dass jetzt ein ganz anderer Abschnitt unserer Reise bevorsteht. Wie werden wir ihn bewältigen? Werden wir es schaffen, uns gegenseitig zu motivieren, wenn Tiefpunkte kommen? Und sie werden sicherlich kommen – aber bitte nicht gleich.

JÖRG: Gleich werden Jannis und Dorina weg sein – es werden noch letzte gebratene Fischreste gegessen und der Wasservorrat im Bus aufgefüllt. Dann der Abschied. Und weg sind sie. Sie wollen noch ein gutes Stück bis zum Dovrefjell fahren.

20 Minuten später wird mir klar, dass die Spiritusflasche noch im Auto ist. Sch.... Eine Stunde später bemerke ich, dass wohl auch die Powerbank, die ich mir extra für die Radtour und fürs Bloggen zugelegt habe, mit dem Bus weggefahren ist. Sch... Sch... Das ist unsere ganze Energie. Mmmhh.

Nein, es muss auch ohne gehen. Spiritus können wir kaufen, auch wenn wir dann keine spezielle Flasche dafür haben. Powerbank – vielleicht sollten wir die Onlinezeit reduzieren, nicht mehr so viel bloggen und tagsüber das Handy ausmachen. Wir werden sicher nicht mehr überall erreichbar sein. Komfortzone verlassen!

Hier auf dem Campingplatz können wir das Handy noch einmal laden. Vielleicht ist es gut so. Vielleicht sollten wir mehr analoge Dinge tun und nicht so viele digitale? Regen, Wind und Erlebnisse sind ja auch analog.

Auch wenn wir noch nicht wissen, wie weit und wohin uns der Weg führen wird, müssen wir schon überlegen, wie wir mit den Rädern irgendwann wieder nach Deutschland kommen. Von Oslo aus werden sich unterschiedliche Möglichkeiten ergeben, mit den Rädern wieder nach Deutschland zu kommen. Die Logistik ist für uns ein nicht unerheblicher Punkt, da wir ja

mit einem Tandem unterwegs sind und das leider nicht so einfach im Flieger oder in der Bahn unterkommt.

In Trondheim starten wir jetzt also und Oslo wird vermutlich fürs Erste unser Ziel sein. Nebenbei ist Trondheim auch die Partnerstadt von Darmstadt. Von Trondheim nach Oslo gibt es grundsätzlich drei unterschiedliche Möglichkeiten für Reiseradler:

1. Die „Pilger-Ruta": Die kürzeste Route durch das Landesinnere. Sie führt mehr oder weniger entlang der Straße E6 auf einem alten Pilgerweg.
2. An der Westküste entlang.
3. Die „Villmarks-Ruta": Durch Ostnorwegen und über die Femundsmarka, die Gegend um den Femundsee.

Jede der grundlegenden Routen bietet natürlich unzählige Varianten. Prinzipiell sind aber alle drei Routen reich gesegnet an Steigungen; es wäre illusorisch, in Norwegen auf überwiegend flache Strecken zu hoffen.

Wir haben das Gefühl, unser Weg sollte über die Villmarks-Ruta führen. Vor allem, weil wir Begegnungen abseits der großen Touristenströme erleben wollen. Große Mengen an Urlaubern sind entlang der E6 zu erwarten, selbst wenn es mit dem Rad möglich ist, teilweise auf kleinere Straßen auszuweichen. Der Weg führt dennoch durch dieselben großen Täler, und spätestens im Dovrefjell, einem der Bergübergänge, die es zu bewältigen gilt, muss man sich im Juli die Straße mit vielen Wohnmobilen aller Größe und Herkunftsländer teilen.

Der Weg entlang der Westküste ist sicherlich landschaftlich ebenfalls sehr eindrucksvoll, kann aber auch im Sommer einige Überraschungen aus der Wetterküche bereithalten. Wenn man von Trondheim über Bergen nach Oslo fahren möchte, ist diese Option auch die weiteste und im Sommer ebenfalls von vielen Touristen besucht.

Vor 25 Jahren, im Jahr unserer Hochzeit, sind wir von Oslo nach Trondheim geradelt und haben uns auch für die östliche Variante entschieden. So ist die Entscheidung für diese Route so ein Art Revival und wir sind gespannt, an welchen Orten von damals wir wohl vorbeikommen werden.

Nach Jannis´ und Dorinas Abfahrt stehen wir mit einem riesigen Haufen Sachen und Taschen vor unserem Zelt. Wir haben Essen für die erprobte Bus-Wohn-Situation hier liegen. Alles andere hatten wir zwar soweit aussortiert, im Vergleich zum heimischen Probepacken scheint es jedoch zu einer unerklärlichen Volumenvermehrung gekommen zu sein. Wahrscheinlich ist daran die dünne Luft des hohen Nordens schuld?!

Zu den Dingen, die jetzt auf einmal dabei sind und die wir eigentlich nicht mit dem Rad durch Norwegen transportieren wollen, gehören: Bücher, Noahs großes Mäppchen zum Basteln, ein paar Klamotten und auch viel zu viel Essen. Letzteres wird sich ja zum Glück im Laufe der Zeit reduzieren. Aber wie erklärt man einem angehenden Schulkind, dass es auf sein Schulmäppchen besser hätte verzichten sollen?

Nun gut, irgendwie müssen wir das jetzt lösen – tun wir auch! Kurz vor Mittag haben wir alles auf und an unseren Rädern verstaut. Beim letzten Foto vor der Abfahrt bittet uns noch ein älterer Deutscher, ein Bild von uns für seine Kinder machen zu dürfen. „Toll, was Sie da auf die Beine stellen!" Das große Fragezeichen in unseren Köpfen, ob und wie wir die Tour in der Form überhaupt bewältigen, behalten wir lieber für uns.

Jedenfalls klinkt sich gleich auf den ersten Metern unser Tacho aus. Also, dann ohne genaue Kilometerangaben.

TRONDHEIM:

– Drittgrößte Stadt Norwegens mit rund 190.000 Einwohnern, davon 30.000 Studierende, Pilgerort (der St. Olavsweg führt von Oslo nach Trondheim)

– Lage: am Trondheimsfjord, mit 126 km der drittlängste Fjord Norwegens. Etwa 500 km nördlich von Oslo

– Klima: mild und feucht, an ca. 200 Tagen im Jahr fällt Niederschlag und an knapp 100 Tagen liegt Schnee in der Stadt. Jahresdurchschnittstemperatur: 5,3° C

– Sehenswürdigkeiten: Nidaros-Dom (größter Sakralbau Skandinaviens) über dem Grab von St. Olav, Insel Munkholmen (ehemaliges Kloster, später Festung), Speicherhäuser in Bryggene

– Besonderheiten: der erste Fahrradlift weltweit (seit 1993) mit 130 m Länge und durchschnittlich 18 % Steigung. Die Norwegische Technische Universität (NTNU) ist die wichtigste Universität Norwegens

Weitere Infos: www.trondheim.com

TEIL
ZWEI

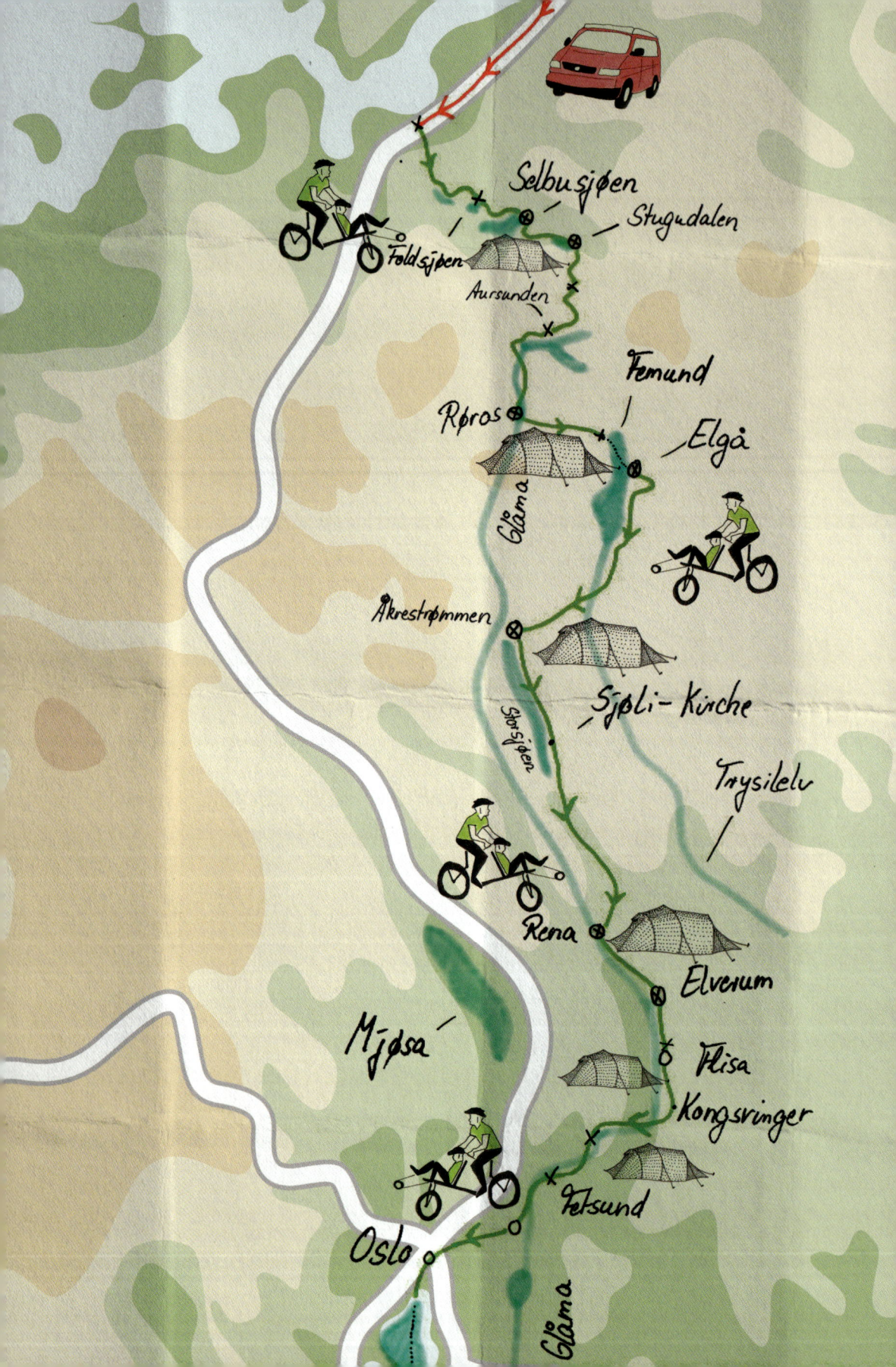

VON TRONDHEIM ZUM FOLDSJØEN

Um 12:00 Uhr geht es endlich von Trondheim aus los und wir freuen uns riesig, auf den Rädern zu sitzen, auch wenn sich schon gleich der Beginn herausfordernd gestaltet: Von der Küste geht es sehr steil ins Landesinnere. Große Teile der Strecke fahren wir im kleinsten Gang, der an diesem Tag definitiv unser bester Freund ist. Trotzdem könnte auch er bei beiden Rädern gerne noch um Einiges leichter sein. Teilweise müssen wir unsere Räder sogar schieben, was dank unseres großzügigen Reisegepäcks auch nicht weniger anstrengend ist. Wie wird es wohl weitergehen?

Dazu kommt Wind, der vor allem Noah auskühlt, und immer wieder leichter Regen. Bei 20° C, Sonne und blauem Himmel wäre das Landschaftsempfinden hier sicherlich ein anderes. Dennoch ist es beeindruckend, wie schnell sich die Landschaft verändert. Erst fahren wir ein Stück parallel zur Küste, bis der Weg direkt steil ins Landesinnere abzweigt. Anfangs geht es durch typisch norwegisch zersiedeltes ländliches Gebiet, und ab und zu können wir noch einen Blick auf den grauen und durch die Wetterküche ungemütlich wirkenden Trondheimsfjord erhaschen.

Eine erste Pause machen wir in der kleinen Hütte einer Bushaltestelle, um wenigstens vor dem Wind geschützt zu sein. Ein paar Müsliriegel und

Brot geben uns Energie. Noah hat jetzt schon fast alles an, was wir an warmen Klamotten für ihn dabei haben – hoffentlich wird es nicht noch kälter. Zum Glück wissen wir, dass sein Schlafsack auch bei leichtem Frost warm genug hält. Das haben wir schon in den Wochen vorher in Schweden und Norwegen getestet. Wir sind froh, dass wir ihm keinen Kinderschlafsack gekauft haben, sondern einen richtig warmen, der zwar für diese Reise noch etwas zu lang, aber dafür kuschelig ist (s. Packliste).

Wir ziehen eine erste Zwischenbilanz der Tagesroute: Wie weit sind wir gekommen? Was liegt an diesem Tag noch im Bereich des Möglichen? Schnell ist uns beim Studieren der Karte klar, dass wir schon in dieser Nacht einen freien Platz für unser Zelt finden müssen, da der nächste Campingplatz eher in die Kategorie „Wunschdenken" gehört und unerreichbar ist.

Nach der Rast wechselt die Landschaft vom landwirtschaftlich geprägten Küstenstreifen in ein Waldgebiet. Eine herrliche Ruhe empfängt uns. Die einzigen Geräusche, die wir hören, sind unser Atem und das Rauschen des Windes. Nach den letzten Tagen im Auto und den ersten Kilometern in Hörweite der Autobahn tut uns das richtig gut. Allerdings hat uns die Pause doch ziemlich ausgekühlt, so fahren wir mit klammen Fingern weiter und es braucht eine Weile, bis wir wieder warmgefahren sind.

Der nächste Streckenabschnitt hat ein weiteres „Schmankerl" für uns parat: ein frisch geschotterter *Grusvei*, der uns schon heute an den Rand unserer Kräfte bringt. Verkehrswege ohne festen Straßenbelag sind in den ländlichen Gegenden Norwegens durchaus auch für den normalen Verkehr üblich. Einen sogenannten *Grusvei* kann man sich ungefähr wie einen deutschen Forstweg mit grobem Schotterbelag vorstellen. Wenn solch ein Weg zu viele Schlaglöcher aufweist, wird er entweder mit einer großen Straßenbaumaschine aufgelockert und/oder großzügig nachgeschottert. Beide Maßnahmen machen ihn für Radfahrer mit Gepäck und normaler Bereifung (s. Materialliste) nahezu unpassierbar, da man in dem losen, groben Material tief einsinkt. Wartet der Weg, wie es bei uns der Fall war, zusätzlich mit einer Steigung über 7% oder 8% auf, wird Absteigen und Schieben unvermeidlich.

Vielleicht sind wir aber auch einfach noch zu untrainiert für dieses Gelände. In unserem Alltag fahren wir normalerweise sehr häufig mit dem Rad, aber eben in den vergangenen sechs Wochen der Reise nicht. Und wenn wir hier schon so viel schieben müssen, wie wird es dann erst im weiteren Verlauf, wenn wir nach Røros oder in die Femundsmarka kommen? Da werden

ALLEMANNSRETTEN –
DAS JEDERMANNSRECHT IN NORWEGEN

– Es regelt den Aufenthalt und die Fortbewegung –
zu Fuß, mit dem Fahrrad und auf Skiern – von
Einzelbesuchern (keine Gruppen) in der freien
Natur. Es geht grundsätzlich darum, respektvoll
und umsichtig mit der Umwelt umzugehen

– Das Betreten von fremdem Grund und Boden
(keine Hausgrundstücke) ist erlaubt, sofern kein
Schaden angerichtet wird und Zäune und Tore
wieder geschlossen werden

– Der Aufenthalt und das Übernachten auf fremdem Grund und Boden (keine Hausgrundstücke)
ist für eine Nacht (in entlegenen Gebieten und in
den Bergen auch für zwei Nächte) erlaubt, sofern
es sich nicht um eine landwirtschaftliche Nutz-
fläche handelt oder sich die Fläche in der Nähe
von Häusern oder Hütten befindet. Hier gilt ein
Mindestabstand von 150 Metern. Im Zweifelsfall
sollte man immer die Bewohner fragen. Das Recht
auf freie Übernachtungen in der Natur gilt nur für
nichtmotorisierte Reisende

– Beeren, Pilze und Kräuter dürfen für den persönlichen Verzehr gepflückt werden. Trockenes Holz
darf gesammelt werden. Äste von lebenden Bäu-
men und Büschen abzusägen oder abzubrechen ist
jedoch nicht gestattet

– Offenes Feuer ist zwischen dem 15. April und dem
15. September in oder in der Nähe von Wäldern
generell verboten. Ungefährdete Stellen – wie
etwa am Meer – sind davon ausgenommen. Die
Feuerstellen müssen so angelegt werden, dass sie
keine Spuren in der Natur hinterlassen. Auf Felsen
ist offenes Feuer verboten, da sie durch die Hitze
bersten können. Wer ein Feuer entzündet, trägt die
rechtliche Verantwortung, dass es sicher ist und
haftet für eventuelle Schäden

– Der Zugang zum Wasser sowie das Baden und Befahren mit nicht motorisierten Booten ist generell
frei, sofern dabei keine privaten Grundstücke betreten werden

– Angeln ist in Norwegen im Meer und in den Fjorden erlaubt. Für Flüsse und Seen müssen regionale
Angelscheine (Fiskekort) erworben werden

– Generell sollte man nach dem Verlassen eines La-
gerplatzes keine Spuren hinterlassen, beim Toilet-
tengang seine Hinterlassenschaften abdecken und
Müll immer mitnehmen

wohl noch einige längere Steigungen auf
uns warten. Ein gewisser Respekt vor der
Strecke ist nach diesem ersten Tag auf jeden Fall vorhanden.

Grundsätzlich fahren wir mit dem
Rad lieber ganz langsam Berge rauf, als
nur im Flachland ohne Aussichtspunkte
und im schlimmsten Fall noch mit Gegenwind herumzuradeln. Bei einem
Berg können wir im Gegensatz zum
Gegenwind wenigstens unseren Gegner
sehen und wissen, wann wir ihn besiegt
haben.

Dank des *Allemannsretten*, dem sogenannten Jedermannsrecht, ist es in Norwegen allen Besuchern bei Einhaltung
gewisser Regeln erlaubt, für eine Nacht
in der Natur zu campieren (siehe Infobox). Das bedeutet aber nicht, dass es
immer leicht ist, einen guten Platz für
ein Drei-Personen-Zelt zu finden. Wir
sind schon müde und hungrig und halten uns die letzte Stunde nur mit Energieriegeln über Wasser. Da sich aber
erstmal kein passender Platz finden
lässt, strampeln wir immer weiter in den
Abend hinein.

Der Bereich um den Jonsvatnet ist
ein Wasserschutzgebiet, hier ist Campieren nicht erlaubt. Verständlich, wenn
man bedenkt, dass dieser See den größten Teil der Trinkwasserversorgung
Trondheims gewährleistet. Danach passen entweder die Untergründe nicht
oder die Plätze sind zu klein. Manchmal
sind sie uns von der Straße aus zu ein-

sehbar oder sie sind schlicht und einfach nicht mit den Rädern zu erreichen. Und so fühlen wir uns in den letzten zwei Stunden immer genervter. Gleichzeitig wächst aber auch unsere Kompromissbereitschaft oder besser „Abstrich-Bereitschaft".

Auf dem offenen Gelände eines kleinen Freilichtmuseums finden wir ein paar Möglichkeiten für unser Zelt und überlegen, ob wir nicht hier bleiben sollen. Wir entscheiden uns letztlich aber dagegen und suchen weiter, da wir das großzügige Angebot des *Allemannsretten* nicht überstrapazieren wollen. Leider passiert es immer wieder, dass Reisende sich dreist an Stellen mit dem Zelt oder mit dem Wohnmobil hinstellen, an denen es nicht erlaubt ist. Dabei vergessen sie, dass sie in einem fremden Land und in der Natur nur zu Gast sind. Solches Verhalten löst bei uns immer wieder ein Gefühl von Fremdschämen aus. Tatsächlich gibt es in Norwegen Überlegungen, dieses Jedermannsrecht drastisch einzuschränken – schade wäre das!

Am Ende ist aber der Platz, den wir finden, gar nicht so schlecht und das lange Suchen hat sich gelohnt. Es ist eine ebene Stelle an einem kleinen See, dem Foldsjøen, zwischen Jonsvatnet und Selbusjø. Das Zelt passt zwar nur gerade so zwischen zwei dicke Baumstämme, aber es passt, und wir sind froh, dass wir kein größeres dabeihaben. Außerdem ist in der Nähe ein Plumpsklo, da an dieser Stelle wohl auch gebadet oder geangelt wird. Und es ist sogar so trocken, dass wir auf dem Holzkocher Abendessen machen können. Es gibt grünen Spargel mit Reis und Tofu.

Wir haben uns vorgenommen, erstmal die frischen und dann die schweren Nahrungsmittel aufzuessen, um Platz im Gepäck zu schaffen, aber auch nichts verkommen zu lassen. Danach wollen wir nur noch für den aktuellen Bedarf einkaufen. Während Jörg kocht und Anja das Zelt einsortiert, beginnt Noah sofort, irgendetwas im Wald zu bauen. Trotz der widrigen Umstände ist er überraschend gut gelaunt. Nach dem Essen dann des Rätsels Lösung: Noah hat für uns eine kleine Schnitzeljagd auf der Landzunge zu einem Aussichtspunkt vorbereitet. Hut ab, nach so einem Tag! Er hat richtig viele Pfeile gelegt. Seine Regel: „Ihr dürft nur Wege mit Pfeilen gehen, und wenn ihr nicht mehr weiterwisst, könnt ihr mich natürlich auch fragen."

Wow! Für eine erste Nacht im Freien also ein guter Einstieg, und wir können mit einem wohlig warmen Gefühl einschlummern.

VOM FOLDSJØEN NACH SELBU

ANJA: Diffuses, graues Morgenlicht, der Regen tropft leise auf das Zeltdach – die Nacht ist zu Ende. Während sich Jörg voller Tatendrang nach draußen arbeitet, um in den neuen Tag einzusteigen, hält mich mein Schlafsack mit größtmöglichem Kuschelfaktor gefangen. Auch wenn ich gut geschlafen habe, sind die Kälte und der Regen draußen nicht gerade Aufstehkatalysatoren. Aus Erfahrung weiß ich zwar, dass sich Regen auf einem Zelt von innen immer heftiger anhört, als er sich von außen anfühlt, aber die Vorstellung, gleich die volle Regenmontur anziehen zu müssen, damit ich nicht durchweicht ins Radeln einsteige, begeistert mich gerade noch nicht. Nochmal ein DANKE nach oben für diese ruhige und entspannte Nacht. Dann der Ruf von draußen: „Kaffee ist fertig!" Also los – raus aus dem Schlafsack, rein in die Klamotten und ein belebendes Warmgetränk zum Tagesstart. Danke, Jörg!

JÖRG: Die Ruhe rundherum, der Blick zum See, die sich in kleine Nebelschwaden verwandelnde Atemluft, das Fauchen des Espressokochers – all das macht diesen Moment zu etwas Besonderem. Ein Moment, in dem ich mit allen Sinnen spüren kann, dass unsere Auszeit real ist. Und doch ist sie etwas ganz Besonderes, gewissermaßen ein Privileg. Die innere Freude darüber lässt uns immer wieder mal ausrufen: „Hey, wir haben heute frei!" – „Ja, und morgen auch!" Die morgendlichen Eindrücke sind so intensiv, dass ich sie als Bilder in meinem Kopf abspeichere.

Beim Zubereiten des Frühstücks und beim anschließenden Packen merken wir, dass wir noch nicht ganz in der Routine „Fahrradtour mit Zelt" angekommen sind. Da ist die Frage: Wieviel Frühstück vertragen unsere Mägen und wieviel Energie brauchen wir zum Radeln? Und dann das Jonglieren von Packtaschen und Klamotten: Zum einen ist uns noch nicht ganz klar, was wirklich in welchen Taschen ist, das bedeutet immer wieder Sucherei. Zum anderen realisieren wir beim Zusammenpacken, was uns eigentlich längst klar war: Wir haben einfach zu viel Kram dabei. Das denkt sich wohl auch Anjas Fahrradständer und gibt den Geist auf – es war kein Teil für die Ewigkeit, aber ein paar Wochen mehr hätten wir ihm schon zugetraut.

An solchen Kleinigkeiten zeigt sich aber schnell, wie wichtig es ist, in gutes Material zu investieren. Dinge mehrfach kaufen zu müssen ist nicht nur ärgerlich, es wird am Ende immer teurer und produziert vor allem mehr Müll. Und für Anja ist der Verlust des Ständers durchaus ein größeres Ding:

Um zu verstehen, was die Kapitulation meines Fahrradständers bei mir auslöst, muss man die jahrelange Diskussion zwischen mir und Jörg kennen. Jörgs Aversion gegen solche unnötigen Hilfsmittel und seine Entscheidung, sein Fahrrad ständerlos zu belassen, gegen meine Wut darüber, weil die ständige Suche nach Möglichkeiten, ein Rad anlehnen zu können, einfach kolossal nervt. Ohne Gepäck mag das ja eher lächerlich sein, mit Gepäck wird es für mich aber zur echten körperlichen und emotionalen Herausforderung. Das bedeutet jetzt für mich, bei jeder noch so kleinen Pause das vollgepackte Fahrrad entweder festhalten zu müssen oder eine stabile Stelle zum Anlehnen zu finden.

Für Noah wiederum ist der gebrochene Ständer nicht so wichtig, dafür ist er begeistert vom Zähneputzen am See mit anschließendem Steine-Weitwurf mit Papa.

Tag 2 auf den Rädern steht bevor: Was wird er bringen? Wird das Wetter gut zu uns sein? Wie tief nach unten können wir die Regenklamotten packen? Wo wird uns der Weg hinführen? Und vor allem: Wie werden sich unsere Beine nach den Anstiegen vom Vortag anfühlen?

Nachdem sich Noah endlich mit dem Plumpsklo angefreundet hat, steht auch an diesem Morgen einem seiner Lieblingssätze nichts mehr im Weg: „Können wir hier mal wieder herkommen?" Diesen Satz werden wir die nächsten Wochen häufiger hören – genau genommen beim Verlassen von fast jedem Übernachtungsplatz. Manchmal versuchte er es auch mit der Kompromissvariante: „Oder können wir hier auf dem Rückweg wieder vorbeifahren?" Tja, welcher Rückweg?

Als dann irgendwann alles auf den Rädern verstaut ist, gehen wir hochmotiviert auf die Strecke. Und der Weg hat an diesem Tag viel Gutes für uns bereit: Die erste Überraschung ist, dass sich die Strecke, die uns für etwa eine Stunde bergauf über einen kleinen Pass führt, viel leichter anfühlt als die Aufstiege am Vortag. So verschieben wir unsere Snackpause immer wieder, da wir denken, hinter der nächsten Kurve müsse der Scheitelpunkt des Passes sein. Der Baumbestand wird immer lichter und die Gegend felsiger und karger. Aber es kommen noch ein paar Kurven, bis wir merken, dass die Steigung langsam in eine Ebene übergeht.

Beim Autofahren nimmt man die feinen Nuancen der Fahrbahnneigung oft nicht wahr, aber beim Radeln mit Gepäck merken wir sofort, was Sache ist. Noah ist stolz, dass er die ganze Steigung durchgehalten hat. Ansonsten ist das Mittreten auf dem Tandem so eine Sache, die wir öfter besprechen müssen. Es scheint ja auch so zu laufen.

Auf dem felsigen Plateau bläst ein kalter Wind, so verschieben wir die Pause in die Abfahrt und finden tatsächlich ein Stück weiter einen schönen Rastplatz mit Tisch und Bänken und vor allem einer bemerkenswerten Aussicht auf den Selbusjøen (Selbusee). Wir sehen, wie unten am See ein

paar derbe Regenschauer vorüberziehen, bis es auch uns trifft und wir sehr abrupt unsere Pause beenden müssen, um schnell die Regensachen anzuziehen.

Also Abfahrt im Regen. Mit klammen Fingern trotzen wir dem böigen Wind und lassen uns hochkonzentriert über mehrere Kilometer ins Tal rollen. Wirklich geschmeidig fühlt es sich nicht an, aber es kann unserer guten Laune keinen Abbruch tun.

Unten angekommen hört zum Glück der Regen auf. Schnelle Wetterwechsel, die auch mal mit einstelligen Tempera-

SELBUSJØEN

– größter See der norwegischen Provinz (Fylke) Trøndelag

– speist den Nidelva, der nach 30 Kilometern und zwei Wasserkraftwerken in Trondheim in den Trondheimsfjord mündet

– liegt auf einer Höhe von 157 Metern und ist 206 Meter tief

– flächenmäßig der 17. größte See Norwegens

– Am Ufer liegen die Gemeinden Selbu und Klæbu mit zusammen etwa 10.000 Einwohnern

turen im Sommer daherkommen, sind sehr typisch für Norwegen. Statistisch gesehen ist der Osten Norwegens allerdings wesentlich trockener als das Fjordland im Westen. Aber im Einzelfall nützt einem die Statistik natürlich nichts.

Noah, der dick und regendicht eingemummelt vorne sitzt, wird nicht müde, Ideen zu entwickeln, Pläne zu schmieden, die vorbeiziehende Landschaft zu kommentieren und einfach nur zu reden. Das ist kindliche Lebensfreude pur und steckt an. Es begeistert ihn, dass wir bei der Abfahrt immer wieder Schafen und Kühen, die auf der Straße stehen, ausweichen müssen. Und plötzlich läuft eine große Kuh – nein, ein Pferd – nein, tatsächlich ist es ein Elch, wie sich beim Näherkommen herausstellt –, im Galopp über das Feld neben uns und überquert genauso rasant etwa zehn Meter vor uns die Straße, um im Wald zu verschwinden. Und das am hellen Tag. Wow!

Am Ende der Etappe, die uns durch ein sehr waldreiches und hügeliges Gebiet mit vielen schönen Aussichtspunkten führt, landen wir auf einem kleinen Campingplatz am Selbusjøen. Dieser See kommt mit seiner Uferlänge schon fast der Hälfte des Bodenseeumfangs nahe und erstreckt sich weitläufig in einem großen Tal. Um ihn herum gibt es ein paar kleine verstreute Ortschaften und Höfe, die Landwirtschaft betreiben. Insgesamt zählt die Gemeinde Selbu etwa 4.000 Einwohner, je drei von ihnen teilen sich einen Quadratkilometer.

Die Siedlungsform im ländlichen Norwegen weicht stark von den dörflichen Strukturen Deutschlands ab. Wenn auf einer Landkarte ein Ortsname verzeichnet ist, kann das bedeuten, dass sich dort eine Kirche, eine Kreuzung oder ein kommunales Gebäude befindet – oder alles zusammen. Die Häuser und Höfe der Bewohner sind aber in der Regel in einem sehr großen Umkreis verstreut. Ein Zentrum oder einen Ortskern gibt es häufig nicht. Die Aufgabe des sozialen Treffpunkts übernimmt daher mitunter die Tankstelle mit zugehörigem Lebensmittelladen und Poststelle. Hier gibt es dann auch Informationen zur Kommune und zu touristischen Besonderheiten der Gegend und natürlich auch den obligatorischen Kaffee.

Kaffeetrinken gehört einfach zu Norwegen – wobei man über die Qualität streiten kann. In Norwegen wird Kaffee zu jeder Tages- und Nachtzeit getrunken, und die meisten Norweger konsumieren auch nicht nur eine Tasse am Tag. Der durchschnittliche Jahresverbrauch dieses Genussmittels liegt daher mit neun Kilogramm pro Kopf auch deutlich höher als in

Deutschland mit seinen sieben Kilogramm oder gar in Italien mit „nur" fünfeinhalb.

Im Fall des kleinen Campingplatzes, der ein paar hundert Meter von der Straße entfernt und direkt am See liegt, ist auch noch die Rezeption in der Tankstelle untergebracht. Netterweise dürfen wir unser Zelt direkt auf einen kleinen Damm am Fluss aufstellen und müssen nicht auf die „Zeltwiese" – einer Fläche zwischen ein paar Hütten, die mehrheitlich aus Senken und Löchern besteht. Es gibt dort schon ein paar ebene Flecken; da aber Regen angesagt ist, wollen wir nicht unbedingt riskieren, die Schwimmfähigkeit unserer Isomatten und sonstigen Ausrüstungsteile testen zu müssen.

Ja, Regen ist angesagt, und auch wenn die Wetter-App eine hohe Regenwahrscheinlichkeit angibt, hofft man ja bis zuletzt, dass einen das nicht trifft. Da die Vorhersage aber eine 99 %-ige Wahrscheinlichkeit und 7°C für den kommenden Tag ansagt, glauben wir diesbezüglich auch nicht mehr an ein Wunder. Und richtig. In der Nacht fängt es an zu regnen und ein sehr heftiger Wind beginnt an der Zeltwand zu reißen. Ein Zustand, der sich die folgenden zweieinhalb Tage nicht mehr ändern wird. Die Entscheidung, noch einen oder zwei Tage hier zu bleiben, ist schnell getroffen.

Das Zelt übersteht diesen Dauerregentest sehr gut. Da es aus Norwegen stammt und der Firmensitz von Helsport keine 70 Kilometer Luftlinie von unserem Standort entfernt ist, traut es sich wohl nicht einzuknicken und bleibt standhaft. Viel spannender ist bald die Frage, wie wir uns bei Laune halten werden. Durch das Sturmgerüttel der Nacht sind wir schon recht früh wach und richten uns in der kleinen Stube des Campingplatzes mit Kochnische gemütlich ein. Nach einem guten Frühstück und einigen Überlegungen zum Tag verkriechen wir uns um 11:30 Uhr erstmal wieder in die Schlafsäcke und schlafen die nächsten zwei Stunden. Auch das empfinden wir in diesem Moment als unbeschreiblichen Luxus: die Zeit wirklich frei einteilen zu können und zu wissen, dass keiner etwas von uns erwartet.

Nach den Taschenpack-Erfahrungen der Vortage entscheiden wir nun, noch ein paar schwere, voluminöse Dinge auszusortieren und nach Deutschland zu schicken. Die Gratwanderung dabei ist, den richtigen Kompromiss zu finden. Auf der einen Seite: Was werden wir nicht brauchen und von welchem Gewicht können wir uns noch befreien? Und auf der anderen Seite: Wie teuer wird das Päckchen wohl am Ende? Dieser Prozess zieht sich dann den Nachmittag über hin. Erstmal regendicht anziehen, die 500 Meter zur Poststelle laufen, entscheiden, welche Päckchengröße wir kaufen, das Päckchen zurücktragen, Regensachen wieder ausziehen, ins Zelt kriechen und packen.

Am Ende trennen wir uns von zwei langen Outdoorhosen, diversen T-Shirts und Socken, Noahs Mäppchen, etwas Werkzeug, einem Buch und ein bisschen Kleinkram – das entspricht fast dem Volumen einer unserer kleinen Packtaschen. Also wieder die Regensachen anziehen, aus dem Zelt kriechen, zur Post laufen und das Päckchen aufgeben. Die nette Dame von der Post, die gleichzeitig auch die Kassiererin des Supermarkts ist, hält uns dann noch ein Zollformular hin, welches es auszufüllen gilt. Und da Norwegen nicht in der EU ist, müssen wir alle Teile und ihren Wert einzeln aufführen sowie den Grund für den Warentransfer angeben. Bei Letzterem kommen unsere Norwegisch-Kenntnisse an ihre Grenzen. Der Grund der Verschickung wäre ja schon auf Deutsch schwierig genug in einem Satz zu beschreiben. Aber die nette Dame am Schalter navigiert uns geduldig durch das Formular. Die ganze Aktion ist ein befreiender Prozess und wir werden im Verlauf der Reise merken, dass wir nichts vermissen. Erleichtert werden wir außerdem um umgerechnet 43 € für das Porto.

Als wir für die zweite Nacht auf dem Campingplatz bezahlen wollen, sagt man uns, dass wir ja schon die erste Nacht voll bezahlt hätten und sich ab zwei Nächten der Preis halbiere und wir damit schon alles bezahlt hätten. Das ist wirklich smart: 10 € für zwei Nächte für uns drei!

Auf der weiteren Reise stellen wir immer wieder fest, dass die Preise auf Campingplätzen für kleine 2- oder 3-Personen-Zelte erheblich günstiger sind als für Wohnmobile oder Wohnwagen. Das erleichtert uns auch die Entscheidung, hin und wieder auf einen Campingplatz zu gehen.

Am Freitagabend setzen wir uns wieder gemütlich in die Stube, essen norwegische Erdbeeren mit Joghurt, spielen ein paar Runden Uno mit Noah und studieren auf der Landkarte die Möglichkeiten für die nächsten Tage. Dann kommt Simon rein – ein Engländer, der seit drei Jahren jeden Sommer für zwei Monate herkommt. Er wohnt zurzeit in einer der kleinen Hütten auf dem Campingplatz, kennt die Gegend und die Leute um Selbu recht gut und hat selbst auch schon viele Radreisen unternommen. Wir reden noch bis spät in den Abend mit ihm. Eigentlich war er nur gekommen, um uns zu sagen, dass er uns eine Hütte aufschließen kann, falls der Regen und der Sturm zu stark für unser Zelt werden. Wir bräuchten auch nichts zu bezahlen, da er den Campingplatzbesitzer gut kennt und manchmal für ihn arbeitet. Wir freuen uns über so ein nettes Angebot! Da das Zelt gut steht und uns der Aufwand umzuziehen zu groß ist, lehnen wir es dennoch ab.

Simon ist ein ganz positiver offener Mensch, der uns viel von sich erzählt. Auch was ihn bewegt, seit ein paar Jahren immer wieder für einige Wochen in die Gegend zu kommen, erklärt er uns: „Die Offenheit, Hilfsbereitschaft und Freundlichkeit der Menschen hier – das ist nicht überall in Norwegen so." Durch seine Erzählungen können wir uns mehr in die Menschen von hier und ihre Lebensweise hineindenken.

Von außen betrachtet und landschaftlich gesehen würden wir diesen Bereich Norwegens nicht unbedingt zu den Top 10 der Naturschönheiten des Landes zählen; er steht deswegen auch nicht in vielen Reiseführern. Selbu liegt irgendwie so mitten im Fylke Trøndelag, es ist keine Küstenregion mit Fjorden und Inseln und auch keine echte imposante Bergregion. Die große Stadt Trondheim mit ihrem Dienstleistungs- und Kulturangebot, ihren urbanen Reizen und Arbeitsmöglichkeiten zieht viele Menschen an, die dann die ländlichen Bereiche verlassen. Aber wenn die Menschen in Selbu so offen und freundlich sind, ist es vielleicht doch ein guter Ort. Auf der offiziellen Website von Selbu (www.selbu.kommune.no) gibt es jedenfalls eine Rubrik mit dem Titel: *Flytte til Selbu?* (Umzug nach Selbu?), und auch den Hinweis auf offene Stellen.

Mit seinen Ortskenntnissen nimmt uns Simon die Ängste vor den Steigungen der nächsten Etappe und zeigt uns gute Wege. Und während wir so reden und merken, wie gut uns das Gespräch tut, fällt uns ein, dass wir noch gar nicht geschaut haben, ob es hier in der Nähe auch Gastgeber der *Warmshowers*-Community gibt. Das holen wir dann am nächsten Tag nach. Wir stellen dabei fest, dass der nächste etwa 130 Kilometer entfernt in Røros wohnt.

Der Samstag ist unser fester Ruhetag. Wir merken, dass es selbst während einer längeren Auszeit wertvoll ist, einen Ruhetag einzuplanen und so der Woche einen Rhythmus zu geben. Die Einteilung der Woche in sieben Tage ist ja an sich schon ein göttliches Prinzip. Das Wetter zwingt uns in diesem Fall sowieso zur Ruhe und lässt nur ein paar kleine Spaziergänge durch das nahegelegene Tal zu.

Wenn es nach Noah ginge, würde er sich nicht freiwillig die Regensachen anziehen und rausgehen. Wenn wir uns aber alle durchringen und trotzdem rausgehen, dann ist es jedes Mal eine kleine Entdeckungsreise für uns alle. Es vergehen meist keine fünf Minuten, bis Noah Tiere, Pflanzen oder Steine findet, die irgendwie untersucht oder gesammelt werden müssen. Oder er versteckt sich im Farn-Dschungel und lässt sich von uns suchen. Wir „Großen" versuchen uns immer vorzustellen, wie hier das Leben in den unterschiedlichen Jahreszeiten wohl tickt und wie der „gemeine" Selbu-Bewohner denkt und fühlt, was er arbeitet und ob wir hier so leben könnten – für eine Zeit lang oder für immer? In diesen Momenten sind wir ganz präsent und nehmen die Gegend mit allen Sinnen wahr. Wenn am Ende der Rückweg zu lang wird, erzählen wir uns Geschichten oder spielen „Ich sehe was, was du nicht siehst". So vergehen zwei oder drei Stunden Exploration wie im Flug, und hinterher sind wir einhellig der Meinung, dass uns das Draußensein trotz des feuchten Wetters wieder einmal gutgetan hat.

Ansonsten stehen Essen, Schlafen und Kartenspiele auf dem Tagesprogramm. Simon kommt auch noch einmal kurz vorbei und er bestätigt, dass das Wetter am Sonntag wieder besser werden soll.

VON SELBU NACH STUGUDAL

J ÖRG: Heute Morgen kein Regen, yeah! Das ist wirklich ein Lichtblick. Es ist schon hell und ich will aufstehen, als mich Anja gerade noch davon abhält: „Jörg! Es ist erst 3:40 Uhr!!!" Okay, kann ich ja nicht wissen, habe keine Uhr dabei und schalte mein Smartphone nachts immer ab. Um 6:30 Uhr geht dann wirklich nichts mehr und so krieche ich aus meinem Schlafsack, bereite Frühstück vor und setze schon mal den Kaffee auf.

Ja, heute soll es losgehen. Von Selbu in Richtung Røros – rund 145 Kilometer. Dort haben wir schon einen potenziellen Gastgeber für eine Nacht via Warmshowers angefragt. Ob er sich meldet? Hier in Norwegen ist die Anzahl der Gastgeber sowieso überschaubar und im Landesinneren erst recht. In Røros gab es nur eine Adresse. Mal sehen. Ich habe gestern angegeben, dass wir in vier bis fünf Tagen bei ihm sein könnten.

Aufbruchstimmung! Einerseits müssen wir den heimeligen Platz loslassen, der uns in den letzten drei Tagen so vertraut geworden ist. Andererseits freuen wir uns auf das Neue, das uns erwartet. Manchmal stellen wir uns morgens die Frage „Wo werden wir wohl diese Nacht schlafen?", und sind gespannt, was der Tag so bringen wird. So auch heute.

Simon, als quasi Einheimischer, hat uns empfohlen, die Straße 705 weiter in Richtung Tydal und Stugudal zu fahren. Es sei eine sehr schöne Passstraße über das Fjell nach Røros, und auf dem Weg gäbe es auch ein paar Campingplätze. Wir sind gespannt. Schnell viele Kilometer zu machen ist nicht das Ziel unserer Tour, für uns ist es okay, erst in ein paar Tagen in Røros zu sein. Und wann genau, wird sich zeigen.

Etwas durchwachsen ist das Wetter zwar noch, aber immerhin schon so freundlich zu uns, dass wir unsere Sachen trocken einpacken können und uns auf den Weg in Richtung Tydal machen. Unser Tagesziel ist mal wieder nicht ganz klar. Vielleicht bis Gressli? Dafür spricht, dass auf einer unserer Karten ein Campingplatz eingezeichnet ist. Dazu muss man wissen, dass es für Norwegen keinen einheitlichen Camping-Führer gibt. Es sind zwar Plätze auf Straßenkarten eingezeichnet, das heißt aber nicht, dass sie auch tatsächlich existieren. Umgekehrt gibt es auch Campingplätze, die wie aus dem Nichts auftauchen und nirgends vermerkt sind. Oder Plätze sind zwar vorhanden, aber nicht genau an der eingezeichneten Stelle, sondern einige Kilometer entfernt – mitunter auch im benachbarten Tal. Das macht die Planung einer Tagesetappe nicht einfacher.

Zunächst radeln wir noch an ein paar Ansiedlungen vorbei, die zur Gemeinde Selbu gehören. Irgendwann wird die Häuserdichte aber immer spärlicher und wir verlassen langsam den Bereich des Selbusjøen. Weiter folgen wir der Nea, einem der Zuflüsse des Sees, flussaufwärts. Bevor das Tal enger und die Straße 705 steiler wird, machen wir noch eine kurze Rast auf einem Parkplatz, der zu dem gerade passierten Heimatmuseum gehört. Bis auf eine junge Frau ist er menschen- und autoleer. Während Jörg und Noah über den Gitterboden der nahegelegenen Stahlbrücke auf die andere Seite des Flusses laufen, wird Anja von der Norwegerin angesprochen. Zunächst macht sie sich Sorgen, weil Noah auf der Brücke ist und dort Autos kommen können. Gleich darauf möchte sie wissen, ob wir auf Fahrradtour sind und warum wir hier halten. Beim Stichwort „Pause" verweist sie auf das Museum. Dort würden heute Kaffee und Waffeln angeboten und wir könnten auch jetzt schon – vor der eigentlichen Öffnungszeit – hingehen, da ihre Mutter dort arbeitet.

Die Affinität von Norwegern zu Kaffee haben wir ja schon angesprochen. Wenn Kaffee das Nationalgetränk ist, dann sind Waffeln – vorzugsweise mit *Rømme og Syltetøy* (Sauercreme und Marmelade) – wohl eines der Nationalgerichte. Museen, insbesondere heimatkundliche, gibt es übrigens in ganz Norwegen an vielen Orten. Außerhalb von Städten handelt es sich dabei meist um kleine Häuser oder Höfe, die liebevoll zu Museen umgestaltet worden sind und über die Geschichte und die Traditionen des jeweiligen Landstrichs informieren. Die Ausstellungen zeigen häufig Exponate der traditionellen Lebensweise und Handwerkskunst. Auch ist es nicht unüblich, dass solche Museen einfach private Sammlungen sind und ehrenamtlich von Rentnern betreut werden. Wenn man die Muße hat, sich darauf einzulassen und mit den Menschen ins Gespräch zu kommen, sind sie gute Orte der Begegnung – und natürlich zum Kaffeetrinken und Waffelessen.

So nett das Angebot auch klingt, bleiben wir lieber bei unseren Energieriegeln, um den nächsten Abschnitt zu bewältigen, und verabschieden uns, um die Landschaft zu inhalieren. Die Straße ist gut zu fahren und schlängelt sich mit gleichmäßiger Steigung das Tal hinauf. An manchen Stellen reicht der Platz gerade für den Flusslauf und die Straße. Durch das Tal zu fahren ist für uns drei sehr eindrucksvoll, macht es doch deutlich, wie klein wir Menschen sind. Noah ist begeistert und versucht die Wasserfälle zu zählen, die

zahlreich aus den hochgelegenen Seitentälern ihren Weg zur Nea suchen. Meist können wir die Flanken der Talschulter nur erahnen, da sie im Nebel liegen.

Nach einer Weile weitet sich das Tal und in einem Ort – eine Kirche und vier Häuser – mit dem schönen Namen Flora setzen wir uns auf den Kirchhof zu einer wohlverdienten Rast. Kirchen werden für uns auf der gesamten Reise zu wichtigen Orten. Zum einen aus ganz praktischen Gründen: An Kirchen und auf Friedhöfen gibt es fast immer Trinkwasser und häufig sogar Toiletten. Zum anderen gehen wir gern in die Kirchen hinein, lassen uns von der Atmosphäre überraschen und halten für ein paar Minuten inne, indem wir schweigend in einer der vorderen Reihen Platz nehmen. Häufig ist es Noah, der fragt, ob wir nicht schauen können, ob eine Kirche offen ist.

Die Kirche in Flora ist aber leider verschlossen. Dafür hat sie aber eine schöne Bank und zu allem Luxus kommt die

FJELL:

Was ist eigentlich der Unterschied zwischen dem skandinavischen Fjell und dem mitteleuropäischen Gebirge?

Fjell bedeutet wörtlich übersetzt Berg und beschreibt die felsige Höhenzone oberhalb der Nadelwaldgrenze. Die Nadelwaldgrenze liegt in Südnorwegen bei 900 Metern Höhe und in Nordnorwegen bei 300 Metern Höhe, während sie in den Alpen erst in einer Höhe von etwa 1.800 Metern zu finden ist. Wie in der alpinen Höhenzone kann es auch im Sommer Schnee und Temperaturen unter dem Gefrierpunkt geben. An Pflanzenbewuchs finden sich hier Fjellbirken, Zwergsträucher, Gräser, Kräuter und vor allem Flechten und Moose. Durch die Gletscher, die während der Eiszeit nahezu über der gesamten norwegischen Gebirgslandschaft lagen, herrschen runde, vom Eis geschliffene Formen vor. Die meisten der norwegischen Täler und Fjorde sind sogenannte Trogtäler, die im Querschnitt eine U-Form mit steilen Flanken und flachen Rücken bilden. In den Tälern und auf den Hochebenen ist das Landschaftsbild häufig von Mooren und Seen geprägt.

Sonne auch noch raus und wir genießen den Moment. Danach wartet nur noch ein kleines Stückchen Fahrtstrecke auf uns, bis wir kurz darauf bei vollem Sonnenschein in Gressli ankommen. Hier gibt es tatsächlich einen Campingplatz, zumindest steht ein Schild an der Straße. Zu sehen sind aber nur Wiesen und ein kleiner Weg in Richtung Fluss. Der Ort macht also seinem Namen alle Ehre: *gress* steht für Gras und die Endung *-li* für Hang, Berghang oder auch Alm. Klingt idyllisch und einladend, aber es ist auch erst 14:30 Uhr und der Tag noch lang. Laut Karte gibt es in Tydal, das keine 10 Kilometer entfernt liegt, einen weiteren Campingplatz. In Jörgs persönlichen Tagesgedanken nimmt das Drama dann wie folgt seinen Lauf:

Sollen wir bleiben oder weiter nach Tydal fahren? Noah schlägt vor, den Platz erst einmal anzuschauen. Ich halte mich anfangs raus und Anja zieht, wohl mir zuliebe, in Erwägung, doch weiterzufahren – 8 bis 10 Kilometer, wenn es denn nicht zu steil würde, wären ja machbar. Dann die Fehlentscheidung des Tages: Weiterfahren. Schlägt da in meiner Brust ein Höher-schneller-weiter-Leistungsgedankenherz? Wir könnten doch auch einfach in Gressli bleiben?!

Nach einigen Kilometern recht ebener Fahrt ist noch kein Campingplatz Tydal in Sicht. Dafür aber ein Schild: 6-9 % Steigung für die nächsten 3 Kilometer. Uuups! Erstmal Riegel und getrocknete Feigen nachschieben. Und dann diese ewige Steigung. Okay, danach muss es ja (laut Karte) einen Campingplatz geben. Gibt es aber nicht! Die Kräfte sind auf null und die Laune noch etwas weiter unten. Hätten wir doch nur …

Hinter diesem kurzen Absatz steckt tatsächlich eine Menge Verzweiflung. Als Spiegel unserer Empfindungen und wie zum Trotz ändert sich das Wetter mit aufziehenden Wolken und einer fühlbar zunehmenden Kühle. Es wird nur wenig gesprochen. Umdrehung für Umdrehung kurbeln wir den Berg hoch – glücklicherweise gib es nicht viel Verkehr, so dass wir zum Teil kleine Serpentinen auf der Fahrbahn fahren, um die Steigung erträglicher zu machen.

Kleinere norwegische Straßen sind häufig emotionslos gerade und auf kürzestem Weg über die Berge asphaltiert. Nur besondere Herausforderungen wie zum Bespiel in Westnorwegen führen zu Serpentinenstrecken, wie dem bekannten „Trollstigen" bei Åndalsnes. Spätestens jetzt wird uns klar, dass unser Pino nicht die beste Bergziege ist und dass eine 9%-Steigung das derzeitige Limit für uns darstellt. Immerhin schaukeln wir auf zwei Fahrrädern das Gepäck und Essen für drei Personen durchs Land.

Ablenkung von den Strapazen verschafft uns die absolut sehenswerte Gegend. Nach der Enge des unteren Nea-Tales öffnet sich hier die Welt und zeigt immer wieder Gipfel, die über der Baumgrenze liegen und noch teilweise mit Schneeflecken bedeckt sind. Oben angekommen und kräftemäßig ausgepresst wie Zitronen stellen wir fest, dass es hier gar keinen Campingplatz gibt – das attestiert auch die Tafel vor der Touristeninformation. Wir dürfen nicht darüber nachdenken, wie nett es jetzt wohl auf dem Campingplatz in Gressli wäre. Längst ist uns klar, dass wir unser Bauchgefühl in Gressli überhört haben und auch Noah keine Stimme gegeben haben.

Es gibt immer wieder diese Momente, wo Jörg getrieben ist und eigentlich weiter möchte, obwohl wir alle fühlen, dass es besser wäre zu bleiben. Das sind Momente, in denen eine gute Entscheidung in der Luft hängt, wir sie aber nicht ergreifen. Wir nehmen uns vor, besser aufeinander und auf unsere Intuition zu hören. Als kleiner Trost bleibt, dass wir die Steigung morgen nicht mehr fahren müssen, sondern schon hinter uns haben. Aber wo sollen wir jetzt schlafen?

Es bleibt uns nichts anderes übrig, als erstmal weiterzufahren. Vom Ortseingang geht es glücklicherweise erstmal ein paar Kilometer bergab und erstaunlicherweise sogar auf einem richtigen Radweg. Das verleiht Tydal im Gegensatz zu Selbu direkt mal einen etwas urbanen Charakter. Doch die Freude der Abfahrt währt leider nicht lange, da es am anderen Ende natürlich direkt wieder hochgeht, was wir und unsere Beine nicht wahrhaben wollen. Einen oder zwei Kilometer hinter Tydal finden wir schließlich ein Notplätzchen für unser Zelt. Nicht schön, aber eben. Leider haben wir es vorher versäumt, unseren Wasservorrat bei einer Tankstelle aufzufüllen, und so kochen wir unsere reichliche Portion Pasta mit Moorwasser und fallen schon um kurz nach 20:00 Uhr in unsere *Soveposer*, ein schönes norwegisches Wort, das wörtlich übersetzt „Schlaftüte" heißt.

Die Nacht ist ruhig, nur leider wieder sehr feucht, und beim ersten Blick aus dem Zelt ist das Panorama von gestern Abend in der Nebelsuppe verschwunden. Das heißt, für heute ein klitschnasses Zelt einpacken. Was uns vorwärtstreibt ist das Wissen, dass in etwa 20 Kilometern eine Einkaufsmöglichkeit und ein richtiger Campingplatz auf uns warten. Stugudal heißt der Ort, der nur ein paar Kilometer von der schwedischen Grenze entfernt ist.

Dort angekommen ist die Enttäuschung erstmal groß. Der Campingplatz existiert zwar tatsächlich, verfügt aber weder über eine Küche noch über einen Aufenthaltsraum. Dazu macht er seinem Namen *Moheim* (Moorheim) alle Ehre: Es ist ein wirklich feuchtes Fleckchen Erde.

Nach einem Imbiss vor dem kleinen Supermarkt, der gleichzeitig der Trucker-Treffpunkt der Region zu sein scheint, wagen wir uns auch in die benachbarte Touristen-Information. Auch hier das Angebot von Kaffee und Waffeln, neben *Fjellutstyr* (Outdoor-Ausrüstung) und kleinen Geschenken. Definitiv erhalten wir hier auch die Auskunft, dass die nächste Etappe ohne einen Campingplatz bewältigt werden muss. Dann sollten wir diese Nacht wohl schon die zivilisatorische Errungenschaft einer Dusche nutzen.

Moheim wirkt auf uns weiterhin so wenig anheimelnd, dass wir uns fragen, wie wir dort den Rest des Tages rumkriegen sollen. Die Luftfeuchtigkeit ist immer noch so hoch, dass es jedem selbst überlassen bleibt, ob er sie als Nebel, Nieselregen oder tiefhängende Wolken bezeichnen möchte. Weiterfahren wollen wir wirklich nicht und hoffen, die anstehende Fjellüberquerung morgen bei gutem Wetter machen zu können. Vielleicht haben wir auch aus der Fehlentscheidung von gestern gelernt.

Beim Verlassen der Touristen-Information fällt uns ein laminiertes Hinweisschild auf – es gibt einen Wohnmobil-Stellplatz in zwei Kilometern Entfernung, der mit Dusche, Küche und Internet wirbt. Ob es da die Möglichkeit gibt, ein Zelt aufzustellen? Da es nur eine kurze Distanz ist, machen wir uns mit gemischten Gefühlen auf den Weg dorthin.

Ein ganz anderes Bild bietet sich uns dort als in Moheim: ein schön angelegter, gut strukturierter Platz, der jedoch wirklich nur auf Wohnmobile und Wohnwagen eingerichtet ist. Trotzdem scheint es kleine Grasflecken zu geben, die für ein Zelt geeignet wären. Der Besitzer findet sich bei der Arbeit auf dem Platz und nach einem kurzen Gespräch dürfen wir unser Zelt tatsächlich direkt neben dem Sanitärgebäude aufstellen. Als wir beim Preis für die Nacht einen Moment zögern, inkludiert der nette Norweger noch die warme Dusche ohne den sonst üblichen Aufschlag, und wir bekommen sogar das „Stuguvollen", ein Rundhaus, das an die Sami-Unterkünfte erinnert, angeboten. Auch wenn das Brennholz zum Heizen inklusive ist, verzichten wir lieber. Zu groß ist das hier herrschende Chaos und der Zeitaufwand, der zum Beheizen des recht großen, dunklen Raumes nötig wäre. Da ist uns das kuschelige, helle Innere unseres Zeltes doch lieber. Die warme Dusche – mit Fußbodenheizung – muss genügen. Die Küche stellt sich nämlich auch als reine Spülmöglichkeit ohne Herd und Sitzgelegenheiten heraus.

Mit der Aussicht auf gutes Wetter am folgenden Tag können wir uns an diesem Abend beruhigt hinlegen. Den Schlaf brauchen wir auch, denn es liegt ja ein Pass mit 945 Metern Höhe vor uns. Diese Bergetappe soll der höchste Punkt unserer Tour werden. Auch wenn so eine Höhe in unseren Breiten „nur" ein Mittelgebirge wäre, so ist das Fjell in dieser Gegend vergleichbar mit der alpinen Höhenstufe, die man in Mitteleuropa ab etwa 2.400 Metern Höhe findet.

VON STUGUDAL NACH RØROS

Was für ein grandioser Tag! Bestes Wetter, viel Sonne, wenig Wind – das glatte Gegenteil von gestern. Eine gute Entscheidung, dass wir bei dem Nieselregen nicht weitergefahren sind. Das Warten hat sich gelohnt!

JÖRG: Schnell sind unsere Sachen gepackt und das Zelt abgebaut. Kurz noch mal ins Internet und den Blog[1] checken, auf dem mein Kollege Winfried einen netten Kommentar geschrieben hat. Wir sind immer wieder erstaunt, wie viele Menschen über den Blog mit uns mitreisen. Wohl mehr, als wir denken. Winfried schreibt von „Quality time zu dritt", die wir wahrscheinlich so nie wieder haben werden. Wahrscheinlich ist es genau das, was wir hier jeden Tag erleben.

Ich genieße die Zeit mit Noah, die ich sonst so nicht habe. Ich freue mich aber auch, wenn er sich draußen selbst beschäftigt und immer wieder auf neue kreative Ideen kommt: Steinmännchen bauen, überlegen, wo man klettern kann. Oder wie gestern, wo es auf dem Campingplatz ein paar Kindertraktoren gab und er unser Gepäck in zahlreichen Fuhren von den Rädern zum Zelt fuhr (Strecke 10 Meter). Klar, Feuer fasziniert ihn auch, und beim Holzkocher ist er fast immer dabei. Schön, dass die Quengel-Phasen, die bei der Tour im Bus noch viel häufiger waren, ganz selten geworden sind. Das alles zu erleben tut gut und ist ein Geschenk für mich. Auch, dass wir in unserem kleinen Tunnelzelt gut miteinander auskommen — bis jetzt —, ist keine Selbstverständlichkeit.

[1] www.varnholt.blog

Beim Bezahlen unterhält sich Jörg mit dem Platzbesitzer noch eine Weile auf Norwegisch. So viel Zeit muss sein, auch wenn man in diesem Land nie weiß, wie lange sich das gute Wetter halten wird. Unser Norwegisch, das wir vor vielen Jahren in einem Kurs gelernt haben, ist alles andere als perfekt, aber für die täglichen Unterhaltungen reicht es aus. Oft sind es ein paar Sätze in der Landessprache, die die Herzen und Türen der Menschen öffnen, und wir merken wieder einmal, dass die Norweger überhaupt nicht so abweisend sind, wie sie vielleicht auf den ersten Blick wirken.

Furchtlos und zum ersten Mal in kurzen Hosen und T-Shirts stellen wir uns der Steigung, die schon hinter der ersten Kurve auf uns wartet. Die wenigen Autos sind nicht der Rede wert, und wir sehen uns bestätigt, dass es eine gute Wahl war, diese Strecke zu nehmen. Alle paar Höhenmeter erweitert sich der Blick auf das grandiose Panorama und gibt immer mehr Gipfel im norwegisch-schwedischen Grenzgebiet frei.

Manchmal geht es nur sehr langsam voran, und während wir uns Kurbelumdrehung für Kurbelumdrehung hocharbeiten, kommen wir in richtig meditative Stimmung, bei der sich die Gedanken und Wahrnehmungen von den äußeren Strapazen abkoppeln. Die gleichmäßige tiefe Atmung, das regelmäßige Treten und das feine Rattern von Noahs Fahrradkette geben den Rhythmus, während die Sinne voll da sind und die Umgebung aufsaugen. Auf der einen Seite zwitschert ein Vogel, der prompt von der anderen Seite eine Antwort bekommt. So entspinnen sie einen Dialog, dem wir noch eine Weile lauschen, während wir uns entfernen. Jetzt plätschert rechts neben der Straße seicht ein Bach, und in der Ferne hören wir ab und zu den Wind. Dass wir hier jetzt hochfahren, steht für den Körper überhaupt nicht zur Debatte und wird einfach durchgeführt. Das Treten geht gleichmäßig immer weiter und will gar nicht unterbrochen werden. Dennoch halten wir immer wieder mal für kurze Fotostopps und die ein oder andere Trinkpause an und können unser kleines Tagesglück kaum fassen.

Irgendwann überholt uns dann dieses weiße offene Mercedes-Cabrio. Klar, es herrscht Genusswetter für alle – aber mit dem Auto ist es natürlich dekadent, denken wir. Und es sitzt wahrscheinlich irgend so ein Schnösel drin, der gar nicht erahnen kann, welche Leistung es ist, hier mit dem Rad hochzufahren. Als Radler fühlen wir uns in diesem Augenblick moralisch überlegen und denken, das, was wir machen, ist doch besser.

Je näher wir dem höchsten Punkt der Strecke kommen, desto flacher wird das Gelände, das uns hin und wieder sogar kleine Zwischenabfahrten gönnt. Nach ein paar weiteren kleinen Aufstiegen erreichen wir schließlich den höchsten Punkt des Passes: 945 Meter Höhe, wahrscheinlich der höchste Punkt unserer Reise. Nein, es ist nicht der Mount Everest und auch nicht der Galdhøpiggen, der höchste Berg Norwegens und Skandinaviens. Aber für uns hat es in diesem Moment schon etwas von Ziel und Königs-etappe, auch wenn wir nicht wissen, was uns auf der weiteren Reise noch erwarten wird. Und wer steht auch oben, natürlich direkt an der Stelle, wo wir das schönste Foto machen könnten? Na klar: der norwegische Cabrio-fahrer, und er telefoniert auch noch so lautstark, dass wir nicht mal hier oben unsere Ruhe haben.

ANJA: Fjell-Panorama – ich kann schwer beschreiben, was das in mir auslöst. Es ist, als würde nicht nur der Blick in die Ferne über die immer weiter verblauenden Hügel gezogen, sondern auch mein Inneres. Die Vorstellung: Wie ist es dort hinten? Hinfliegen! Einfach die Arme ausbreiten und über das Fjell segeln! Oder hier wandern – tagelang mit Rucksack und Zelt, einfach immer weiterlaufen…. Das wird als nächste Tour-Idee abgespeichert. Aber auch die direkte Umgebung lädt ein, einfach von Hügelchen zu Hügelchen zu laufen und die immer neuen Aussichten zu genießen.

Während Anja und Noah die Gegend erkunden, kommt der norwegische Mercedes-Fahrer mit Jörg ins Gespräch – auf Deutsch. Nach ein bisschen Smalltalk erzählt er, dass er eine deutsche Mutter hat und dass er uns vor ein paar Tagen auf der Passstrecke vor Tydal schon mal gesehen hat. Er fragt, wo wir denn losgefahren sind und wohin wir wollen, und findet es klasse, dass wir mit den Rädern und unserem ganzen Gepäck unterwegs sind. Ja, er sei auch schon viel mit dem Rad gefahren und auch schon das ein oder andere Mal von Trondheim nach Oslo.

Im weiteren Gespräch stellt sich heraus, dass Erik Radrennfahrer war und sogar 1979 und 1983 den bekanntesten Radmarathon Norwegens *Den Store Styrkeprøven* (die große Kraftprobe) gewonnen hat. Er hat damals knapp 15 Stunden für die 540 Kilometer lange Strecke von Trondheim nach Oslo gebraucht. Krass! Wir fahren auch hier, zwar auf einer anderen Route und brauchen auch ein paar Stunden länger, aber es gibt auf einmal so viele Gemeinsamkeiten, und wir sprechen noch eine ganze Weile miteinander.

Eine schöne Begegnung, über die wir noch eine ganze Weile nachden-ken. Es beschämt uns, dass wir Erik, bevor wir ihn kennengelernt haben, schon in eine Schublade einsortiert haben, in die er gar nicht passt. Noch

einmal der Blick zurück: Ja, für uns ist es gerade das Beste, mit dem Rad unterwegs zu sein. Aber wieso meinen wir für einen vorbeifahrenden Autofahrer bewerten zu können, was für ihn gerade das Richtige ist?

Zukünftig wollen wir empathischer durch den Alltag gehen. Wenn wir es schaffen würden, uns öfter in die Situation Anderer hineinzuversetzen, könnte viel Streit und Ärger vermieden werden und ein besseres Miteinander entstehen. Im Alltag gibt es so viel Konfliktpotenzial, weil wir Situationen häufig nur eindimensional aus unserer eigenen Sicht bewerten. Und das, obwohl wir, um beim Beispiel Mobilität und Verkehr zu bleiben, ja auch oft genug die Rollen wechseln. Klassische Begegnungen mit Stresspotenzial auf der Straße: Auto gegen Fahrrad, Fahrrad gegen Fußgänger, Fußgänger gegen Auto. Und so weiter. Dem gefühlten gesellschaftlichen Trend zum immer größeren ICH könnte man doch ein offenes WIR entgegensetzen …

Wir verabschieden uns von Erik, wünschen einander *God tur*! (Gute Reise!) und holen die „verpassten" Fotos nach. Danach geht es auf eine wundervolle Abfahrt mit viel Rückenwind, so dass heute sogar unsere größten Gänge zum Einsatz kommen. Es ist förmlich ein Dahingleiten, bei dem wir mehrere Rentiere an der Straße sehen. Die Geräusche und Wahrnehmungen sind beim Abfahren wieder ganz andere als beim Aufstieg: Die Kette schnurrt wie ein Kätzchen, die Reifen surren auf dem groben Asphalt, der Fahrtwind rauscht um den Helm und die Sinne sind hellwach. Es gilt die Spur zu halten, die Windböen auszugleichen und immer bremsbereit zu sein – bei den Rentieren weiß man nie.

Während wir zum Abfahren anfangs unsere Jacken angezogen haben, entblättern wir uns nun nach und nach wieder, je tiefer wir kommen, bis wir schließlich – wie Gott uns schuf – zur Abkühlung in einen Bergbach springen. Die Temperaturen sind jetzt mittlerweile mehr als nur freundlich, es ist richtig sommerlich warm. Nach etwa 50 Kilometern sind unsere Akkus dennoch leer und die erneuten Anstiege zollen ihren Tribut. Also, gemeint sind natürlich unsere eigenen „Akkus", da wir nicht mit E-Bikes unterwegs sind.

Als wir uns vor der Tour über unsere Fortbewegungsmittel Gedanken gemacht haben, gab es auch die Option, das Pino als E-Tandem zu erwerben. Wir fanden aber beide, dass wir bei unserer Art des Reisens – Strecken auch abseits der Zivilisation mit Übernachtungsplätzen in der Natur – die

Etappen nicht nach der Verfügbarkeit von Elektrizität planen wollen. Die Option, trotzdem wenigstens ab und zu Motorunterstützung zu haben, kam auch nicht in Frage, da ein E-Bike mit leerem Akku und einem Mehrgewicht von etwa 7 bis 8 Kilo auch erst mal bewegt werden will.

Nach der langen Abfahrt verändern sich tatsächlich die äußeren Bedingungen zu unseren Ungunsten: Am *Brekkfjorden*, einem großen See, frischt der Wind massiv auf und schlägt uns entgegen. An diesem schönen See selbst gestaltet sich dann die Suche nach einem Platz für die Nacht schwierig, da der Uferstreifen entweder landwirtschaftlich genutzt wird oder in privater Hand liegt. Vermutlich haben wir wieder den idealen Platz für die Nacht verpasst, als Anja weiter oben eine gute Stelle entdeckt hatte, Jörg und Noah aber im Abfahrtsrausch vorpreschten. Ein paar Kilometer zurück und wieder bergauf wollen wir dann aber auch nicht mehr fahren. Stattdessen schmeißen wir uns ein paar getrocknete Feigen ein, um die Akkulaufzeit noch etwas zu verlängern, und fahren weiter.

Die Suche zieht sich aber immer weiter hin und der Tag in die Länge. Kurze Pause. Noah betet voll kindlichen Vertrauens um einen guten Platz und sagt danach: „Gott hat schon einen Platz für uns, wir müssen ihn nur noch finden." Welch eine Weisheit für einen Sechsjährigen!

Wir fahren weiter. Dann muss Noah (schon wieder) Pipi – hätte er ja auch vorhin machen können, als wir sowieso stehengeblieben sind! Wir halten an einer Wegeinfahrt neben einem unbewohnten Haus an. Nebenbei schauen wir uns ein bisschen um, vielleicht können wir ja an dem Haus vorbei und es gibt unten am See eine Stelle für uns? Fehlanzeige, zu einsehbar und zu nah am Haus, auch wenn es unbewohnt zu sein scheint. Erst danach entdecken wir einen kleinen Weg auf der anderen Straßenseite den Hang hoch und in einen Birkenwald hinein. Mal schauen. Ja, das könnte gehen. Hier gibt es oberhalb der Straße eine kleine Blumenwiese, die nicht einsichtig, nicht morastig und eben ist. Überall blühen Orchideen. Richtig paradiesisch! Ohne Noahs Pipi-Stopp wären wir sicherlich daran vorbeigefahren – und ohne Noahs Gebet vermutlich auch.

Das Zelt bauen wir so auf, dass möglichst keine Orchideen zerstört werden. Als es fast steht, tut es allerdings einen Schlag und einer der drei Gestänge-Bögen ist gebrochen, so unsere erste Diagnose. Oh weh! Beim vorsichtigen Abtakeln stellt sich heraus, dass zum Glück nur eine Hülse angebrochen ist und dabei das Gestänge auseinandergeflutscht ist. Das

nächste Mal müssen wir auf jeden Fall besser aufpassen und die Stäbe immer richtig gut ineinanderstecken, damit so etwas nicht noch einmal passiert. Die angebrochene Hülse steht ab sofort unter strenger Beobachtung und wir hoffen, dass der Riss nicht noch weitergeht.

Als das Lager steht und eingerichtet ist, gehen wir noch einmal zum See hinunter, um ins kühle Nass zu springen. Tatsächlich ist es nicht nur kühl, sondern eiskalt, und mehr als ein kurzes Bad ist nicht möglich. Was Noah betrifft, zeigt sich wieder, dass er gnadenlos in jedes noch so kalte Wasser geht. Tja, von wem er das wohl hat?

Als wir erfrischt zum Zelt zurückkehren, um zu kochen, stellen wir fest, dass wir dort nicht allein sind, sondern uns den Platz mit den ortsansässigen *Knotts* (Kriebelmücken = kleine blutsaugende Terroristen) und Bremsen teilen müssen. Aus einem gemütlichen Slow-Food-Abend wird also nichts. Immerhin vertreibt der Qualm während des Kochens die kleinen Viecher, danach ist das Essen aber nur noch die „schnelle Nummer" und wir verschwinden im Zelt.

An dieser Stelle vielleicht noch ein Wort zu unserem Holzkocher. Der besteht aus ein paar ineinander gesteckten Edelstahlringen, die mit kleinen fingerdicken Holzstückchen befeuert werden. Ein Teil der Ringe ist doppelwandig, so kann sich beim Betrieb im oberen Bereich Holzgas mit blauer Flamme entzünden, das dann von unten angesaugt wird. Dadurch bringt der Kocher etwa die gleiche Heizleistung wie ein Spirituskocher. Die Vorteile liegen auf der Hand: Der Kocher ist klein, leicht und günstig, sowohl in der Anschaffung (etwa 20 €) als auch im Betrieb. Fast überall findet sich genug kleines trockenes Holz. An sich gilt der Betrieb auch nicht als offenes Feuer. Dennoch sollte man so einen Kocher bei extremer Trockenheit nicht unbedingt mitten im Wald betreiben. Wir haben für alle Fälle noch einen Trangia-Spiritus-Brenner dabei, den wir direkt in die Brennkammer des Holzkochers stellen können – aber die Spiritusflasche liegt ja noch im VW-Bus …

Noah und Anja schlummern schon, als ein Elch dicht am Zelt vorbeitrampelt. Kann ein Elch wohl nachts ein Zelt übersehen und darüber stolpern? Mmh?! Na ja, bei der Helligkeit ist das wohl unwahrscheinlich, und mit diesem beruhigenden Gedanken schläft auch Jörg ein.

In der sonnigen Morgenkühle geht es am nächsten Tag weiter zu unserem nächsten urbanen Etappenziel: Røros mit einem netten Zwischenstopp in

Glåmos. Das Schöne in Norwegen ist, dass fast alle Ortsnamen einen Rückschluss auf die Geografie zulassen. So bedeutet das -os in Glåmos „Bucht, Mündung oder Beginn eines Flusses". In diesem Ort entspringt die Glåma, Norwegens längster und wasserreichster Fluss, dem See Aursunden. Soweit die Fakten, jetzt die schönen Geschichten von Glåmos:

Ein kurzer Abstecher von der Landstraße führt uns zu einer kleinen Holzkirche, die eigentlich abgeschlossen ist und ihr Inneres vor unseren Blicken verborgen hält – wäre da nicht die nette Dame, die gerade dabei ist, die Kirchenfenster von außen für die Maler am nächsten Tag abzukleben. Als sie hört, dass Noah gern in die Kirche gehen würde, schließt sie uns diese auf und erzählt ein bisschen von ihrer Geschichte. Traurig berichtet sie auch, dass die Kirche nur noch für Hochzeiten und Beerdigungen genutzt wird und sie das Gemeindeleben von früher vermisst. Umso mehr freut sie sich, dass wir Interesse an ihrer Kirche haben.

Dankbar und mit besten Wünschen gesegnet rollen wir weiter zum nahegelegenen Supermarkt, um dort in der Sonne eine Pause zu machen und unsere Vorräte wieder aufzufüllen. Oft werden wir bei solchen Gelegenheiten angesprochen, entweder weil die Leute so ein Tandem noch nicht gesehen haben oder weil sie uns nach dem üblichen „Woher?" und „Wohin?" befragen. So auch hier. Ein kurzer Smalltalk mit einem Mann, der dann aber recht schnell im Laden verschwindet. Zu unserer Überraschung kommt er schon wenig später wieder raus und drückt jedem von uns ein dickes Eis in die Hand. Dann steigt er wieder in sein Auto, und weg

RØROS

- ehemalige Bergbaustadt und einziger Ort Skandinaviens, der auf der UNESCO-Liste als Weltkulturerbe steht
- wurde 1644 gegründet, nachdem es Kupfererz-Funde in der Nähe gab
- viele Häuser aus dem 17. Jahrhundert sind nahezu unverändert
- hat etwa 5.600 Einwohner
- Zum Wintermarkt im Februar kommen bis zu 80.000 Menschen in die Stadt
- Lage: 628 Meter Höhe, etwa 45 Kilometer von der schwedischen Grenze entfernt
- Durchschnittstemperatur im wärmsten Monat (Juli): 11,4°C
- einer der kältesten Orte Norwegens (Rekord – 50,4°C, 1914) mit einer Jahresdurchschnittstemperatur von 0,3°C
- die Røros-Kirche ist das einzige Steinbauwerk in der Stadt und Norwegens drittgrößte Kirche
- bekam nach Paris und Hammerfest als dritte europäische Stadt eine elektrische Straßenbeleuchtung (1897)
- Røros setzt sich besonders für regional erzeugte und ökologische Lebensmittel ein und hat Preise für nachhaltigen Tourismus gewonnen.
- in der Stadt wurde für die Pippi-Langstrumpf-Filme gedreht

ist er. Das Leben ist wieder mal gut zu uns und wir fügen uns gern in das norwegische Sommergefühl ein, das hier gerade auszubrechen scheint.

Kurz darauf rollen noch zwei ältere norwegische Reiseradlerinnen auf den Platz. Auch hier entwickelt sich ein Gespräch unter Gleichgesinnten und wir werden mit unserem Gefährt zum Fotomodell für die Enkel.

Mit Eis im Bauch sind die letzten 12 Kilometer bis Røros eine unserer leichtesten Übungen. Leider hat uns zwischenzeitlich der *Warm-showers*-Gastgeber abgesagt, da er selbst gerade unterwegs ist. Schade!

Die ehemalige Bergbaustadt Røros, die zum UNESCO-Weltkulturerbe zählt, zeigt sich bei 27 Grad im Schatten in sommerlichem Flair. Die Stadt ist im wahrsten Sinne des Wortes ein Hot Spot. Wir waren früher schon ein paar Mal hier, aber noch nicht bei solchen Temperaturen und nicht mit so viel Leben auf den Straßen. Normalerweise liegen die Temperaturen im Juli zwischen 7°C und höchstens 19°C.

Røros ist nicht nur für Touristen ein Magnet, sondern auch für die Einheimischen der Umgebung, die hier ihre Einkäufe erledigen. Wir reihen uns in das Gewusel ein, schlürfen genüsslich einen Kaffee und klappern die drei Sportläden des Ortes ab. Nun können wir Anjas gebrochenen Fahrradständer ersetzen und leisten uns auch einen neuen Tacho. Bei all dem merken wir, dass wir gerade unsere Komfortzone verlassen: Zum einen ist es uns schon zu heiß zwischen den Häusern, und zum anderen überfordern uns die vielen Menschen und der Lärm der Stadt nach kurzer Zeit. Wir sehnen uns nach der Ruhe der vergangenen Tage. Eine Sache muss aber noch sein: *Rørosis* – ein regionales Bio-Eis mit, in unserem Fall, Erdbeer- und *Moltebeer*-Geschmack.

Der Campingplatz der Stadt ist dann leider nur praktisch, aber nicht schön. Hier scheint es keine Notwendigkeit für eine ebene Zeltwiese zu geben – die großen Wohnmobile benötigen allen vorhandenen Raum als Stellplatz. Ganz am Rand finden wir schließlich noch ein kleines Plätzchen für uns. Hier hängen wir erst mal ab, bis wir merken, dass uns die Sonne des Tages unerwartet stark zugesetzt hat und wir mit Noah offenbar gerade so an einem leichten Sonnenstich vorbeigeschrappt sind. Gut, dass es wenigstens Aufenthaltsräume im Inneren des Campingplatz-Gebäudes gibt.

VON RØROS IN DIE FEMUNDSMARKA

Nach diesen zwei wunderbaren Tagen bei bestem Sonnenschein zeigt uns Norwegen noch weitere Aspekte der Wettervielfalt des nordischen Sommers. Sonnenschein und Hitze kann ja jeder. Am Morgen schiebt sich schon früh eine dichte Wolkendecke über den Himmel, deren nassem Inhalt wir nicht entfliehen werden. Also Regensachen vor der Abfahrt ganz nach oben packen.

Von Røros aus könnten wir der Glåma flussabwärts in Richtung Süden folgen. Unser Bauchgefühl lässt uns aber den „Umweg" – was für ein Unwort auf so einer Tour! – östlich in Richtung Femundsmarka nehmen. Netterweise kommt der Wind von hinten, als wir von Røros aufbrechen und den Weg in Richtung Synnervika nehmen, das am Nordufer des Femundsees liegt. Die Straße führt größtenteils an Seen und einem Fluss entlang und hat in der Summe keine nennenswerten Höhenunterschiede. Im Detail ist es ein eher welliges Gelände mit kleinen Steigungen und kleinen Abfahrten zwischendurch.

Auf den ersten paar Kilometern ist die Strecke mit etwa 10 Autos pro Stunde noch relativ stark befahren. Im Verlauf des Weges wird die Gegend aber immer einsamer. Zu unserem Erstaunen treffen wir gerade hier das erste Mal auf unserer Reise auf ein Radwegzeichen. In Norwegen gibt es zwar einige benannte Radfernwege, die aber (noch) nicht durchgängig beschildert sind.

In Synnervika endet die Straße und es geht von dort nur per Schiff weiter. Im Hafen liegt die „M/S Fæmund II", ein altes Schiff, mit dem wir am nächsten Tag über den Femundsee fahren wollen. Das Schiff verkehrt einmal pro Tag in Richtung Süden nach Elgå und zurück, und das auch nur im Sommer. Außer dem Anleger, ein paar Hütten und Bootshäusern gibt es in Synnervika nichts. Doch, natürlich den See und die ihn umgebenden Berge, die zusammen die Landschaft hier maßgeblich bestimmen. Der See liegt auf rund 660 Metern Höhe, während die Baumgrenze an dieser Stelle nur unwesentlich höher ist, so dass die meisten Berge drumherum baumloses Fjell sind. Die höchsten Erhebungen rund um den Femundsee sind bis zu 1.400 Metern hoch und bieten bei klarem Wetter eine fantastische Aussicht.

Da das Schiff erst am nächsten Morgen fahren wird, suchen wir uns in der Nähe des Anlegers ein schönes Plätzchen für unser Zelt. Im Laufe des Nachmittags wird es ungemütlich: Regen und Sturm kommen auf und das Thermometer fällt auf 10° C. So ziehen wir uns frühzeitig ins Zelt zurück und warten ab. Selbst die kurzen Regenpausen, manchmal sogar mit Sonnenschein, locken uns nicht mehr zu großen Taten. Sicherheitshalber haben wir uns zum ersten Mal auf dieser Reise den Wecker gestellt, um die Abfahrt der „MS Fæmund II" um 9:00 Uhr nicht zu verpassen.

Die dreistündige, recht schauklige Schiffsfahrt über den See ist für uns eine angenehme Abwechslung. Außer uns sind noch ein paar Wanderer mit auf dem Schiff. Wir gönnen uns Kaffee und Waffeln – die es natürlich auch hier gibt –, schreiben unsere Tagesgedanken auf und spielen Schach mit Noah. Er hat das Spiel auf dieser Tour ja erst gelernt und möchte am liebsten gar nicht damit aufhören, auch wenn das Verlieren ihm noch sehr schwer fällt. Aber vor allem genießen wir die Aussicht über den See und die Facetten des Wetters um uns herum.

Für uns ist die Femundsmarka das Zentrum einer Regenbogen-Fabrik und mit vielen unterschiedlichen Emotionen verbunden. Gemeinsam waren wir hier schon viele Male. Als Anja mit unserer Tochter Jolene schwanger war, wurden uns hier erstmals ungewöhnlich viele Regenbögen „geschenkt". In dem Jahr, als Jolene im Alter von drei Jahren starb – das ist jetzt neun Jahre her –, waren wir mit unseren großen Kindern Jannis und Ammely und natürlich Metti auch hier. Wir sind gemeinsam für ein paar Tage mit Rucksäcken und Zelt unterwegs gewesen und bekamen freundlicherweise haufenweise Regenbögen an den Himmel gemalt. So wie Regen und Sonnenschein manchmal ganz dicht beieinander liegen, sind auch glückliche Momente und Zeiten der Trauer im Leben manchmal ganz nah zusammen. Diese Tour tat uns als Familie zu der Zeit auf jeden Fall richtig gut und war wichtig für unseren gemeinsamen Trauerprozess. Jetzt liegt ein großer Stein aus dieser Gegend auf Jolenes Grab.

Als wir vor 25 Jahren auf unserer Fahrradtour von Oslo nach Trondheim in Elgå waren, erlebten wir eine Schmunzel-Geschichte. Damals waren wir das erste Mal in Elgå. Als wir – frisch verheiratet und händchenhaltend – am Anleger standen und auf das Wasser schauten, kamen zwei kleine Jungs aus dem Ort und wollten wohl ihre Grundkenntnisse in Englisch an uns ausprobieren. Immer wieder fragten sie ganz verschmitzt: „Can you kiss?" Seitdem ist es für uns ein Elgå-Ritual geworden, uns auf den Anleger zu stellen, uns diese Frage zu stellen und – na klar, was wohl?

–, und außerdem dabei an früher zu denken. So ist es auch dieses Mal das Erste was wir machen, als wir in Elgå ankommen. Wenn die zwei Jungs wüssten, dass sie immer noch in unseren Gedanken sind und uns über all die Jahre begleitet haben!

In Elgå (Elg = Elch und å = Fluss, also Elchfluss) wollen wir mindestens zwei Nächte bleiben und unseren wöchentlichen Ruhetag genießen. Jörg hat die Hoffnung, dass die Blaubeeren hier schon reif sind, Anja freut sich auf eine kleine Wanderung und Noah auf das Spielen am Wasser. Elgå mit seinen rund 50 Einwohnern ist Entschleunigung pur. Früher, bevor die Wildzäune gezogen wurden, konnte es schon mal

FEMUNDSEE

– Drittgrößter See Norwegens mit einer Länge von rund 62 Kilometern

– liegt auf etwa 660 Metern Höhe

– im Sommer Wander-, Kanu- und Angelparadies

– Im Winter wird der See mit Schnee-Scootern und Autos befahren und es gibt bei Elgå eine kleine Landebahn für Flugzeuge

– eisfrei ab Mitte Mai

– Die Femundsmarka wurde bereits in den 70er-Jahren des letzten Jahrhunderts zum Nationalpark erklärt und entsprechend geschützt

– In der Gegend gibt es neben Rentieren, Luchsen und Vielfraßen auch Braunbären

vorkommen, dass Rentiere auf dem Sportplatz grasten oder einfach mitten auf der Straße lagen.

Bevor wir den Zeltplatz aufsuchen, radeln wir noch ein paarhundert Meter an den Ortsrand zum „Shoppingcenter", in dem es wirklich alles gibt, was man so braucht: Von Lebensmitteln über Benzin und Angelzubehör bis hin zu Strickzeug und ein paar Büchern und Landkarten. Und wenn es etwas nicht gibt, dann wird man es hier vermutlich auch nicht brauchen. Gleichzeitig ist der kleine freundliche Laden auch der soziale Treffpunkt der gesamten Umgebung. Wir füllen hier unsere Vorräte auf und klemmen noch eine Tüte unserer Lieblingschips an die Gepäckta-schen. Ein geschmeidiges Wochenende kann kommen.

Als wir den kleinen Campingplatz erreichen, der uns schon öfter als Stellplatz für Zelt oder VW-Bus gedient hat, stehen dort große Pfadfin-der-Zelte und eine stattliche Zahl Kinder bevölkert den Platz. Wir reagie-ren mit (unberechtigtem) innerem Stöhnen – adé, Ruhetag?! Wir finden trotzdem noch ein schönes, halbwegs windgeschütztes Plätzchen direkt am See und stellen fest, dass langsam alle Kinder abgeholt werden und die Leiter deren Lager abbauen. Wird also doch ein entspannter Ruhetag.

Als wir unsere Räder abpacken und unser Lager einrichten wollen, stellt Jörg ganz unvermittelt einen Speichenbruch am Tandem fest. Das darf doch wohl jetzt nicht wahr sein, oder? Ein Speichenbruch ist so ziemlich das Unglück, das Reiseradler am wenigsten gebrauchen können. Mit mehr-fachen Platten auf der Tour haben wir ja gerechnet oder damit, dass die Bremsen neue Beläge bekommen oder eingestellt werden müssen. Aber einen Speichenbruch haben wir nicht auf dem Zettel und Speichen be-finden sich daher nicht in unserem mobilen Ersatzteillager. Kurz vorher hat Jörg noch darüber nachgedacht, dass wir ja sogar einen Ersatzreifen mit uns rumschleppen, den wir wohl nie brauchen werden, da das Mate-rial generell in den letzten Jahren so gut geworden ist, dass es kaum einmal kaputt geht. Und jetzt das. Und gerade an der Stelle, die vermutlich am weitesten entfernt von irgendwelchen Fahrradläden ist. Wir wissen nicht, wie der Speichen-Bruch passiert ist. Wahrscheinlich beim etwas unsanften Verladen auf dem Schiff.

Interessant ist unser unterschiedlicher Umgang mit der Information: Eine Speiche ist gebrochen. Jörg, der Mechaniker der Reise, ist besorgt, dass nach einer gebrochenen Speiche das Rad instabil werden könnte und dann nacheinander die nächsten Speichen ihren Dienst quittieren.

Anja ist gelassen und denkt, irgendeine Lösung werden wir schon gezeigt bekommen. Und Noah erdet uns wieder und sagt: „Kommt, lasst uns erst mal beten." Er hat so einen wunderbaren Glauben, so ehrlich und so ungeschminkt. Er traut Gott einfach alles zu. Und wir? Wir überlegen erstmal auf der Sachebene, was wir für Möglichkeiten haben, und stellen dann fest, dass wir im Moment gar nichts ändern können. Erst dann schalten wir den „Chef" im Himmel ein.

Am Ende lassen wir die Sache zunächst als ungelöstes Problem stehen und versuchen dennoch entspannt ins Wochenende zu gleiten. Ein kleiner Spaziergang am Abend führt uns zum Nationalparkcenter der Femundsmarka. Als wir dort ankommen und an der Tür rütteln, ist diese schon geschlossen. Doch wenig später öffnet uns ein junger Mann und fragt, ob er uns helfen kann. Schnell kommen wir mit ihm über unser Speichenproblem ins Gespräch. In Elgå wird es sicher keinen Ersatz geben – auch nicht in dem Laden, der sonst alles hat. Sein Tipp: Zurück nach Røros. Das bedeutet noch einmal für umgerechnet 80 € über den See fahren, in Synnervika übernachten und am Folgetag zurück nach Røros radeln.

„Welche Alternativen gibt es denn?"

„Eine Tagesreise in Richtung Süden, in Drevsjø gibt es einen Einkaufsladen, der auch eine kleine Werkstatt betreibt. Der könnte Speichen haben."

Das klingt für uns auch sehr vage. Und Speichen sind nicht gleich Speichen. Da gibt es so viele unterschiedliche Längen. Und für das Tandem brauchen wir schon eine recht stabile Ausführung.

Auf dem Rückweg gehen wir noch in der kleinen Kirche vorbei und setzen uns still einige Minuten in das leere, helle Gebäude. Uns ist klar, dass wir heute und am Wochenende das Speichenproblem nicht lösen können, und wir finden darüber erst mal unseren Frieden. Noah möchte am Abend aber noch ein ganz anderes Problem lösen, nämlich das globale Energieproblem, und so versucht er unseren Kocher mit Elch-Kötteln zu beheizen. Dieser „Brennstoff" ist hier omnipräsent und macht so dem Namen des Ortes alle Ehre.

In der Nacht sinken die Temperaturen unter dem klaren, wolkenlosen Himmel auf knapp über den Gefrierpunkt. Aber schon die Morgensonne fängt am nächsten Tag an, unser Zelt aufzuwärmen. Wir beschließen unsere persönlichen Wunschlisten fürs Wochenende wie folgt zu kombinieren: erst die Wanderung mit der Blaubeersuche verbinden und später mit Noah am Wasser spielen. Mittlerweile hat sich die Temperatur gemausert und es ist bereits wieder T-Shirt-Wetter.

Bevor wir den Ort verlassen, um auf die angrenzenden Höhenzüge zu steigen, statten wir noch einmal dem Nationalparkcenter einen Besuch ab und lassen die Naturausstellung auf uns wirken. Dabei kommen wir auch wieder mit dem netten Studenten ins Gespräch, der uns gestern schon so hilfsbereit beraten hat. Er studiert eigentlich Geografie in Trondheim, ist aber jetzt im Sommer für drei Monate hier, um etwas Geld zu verdienen. Bei der „Masse" an Touristen ist das wohl meist eher ein Absitzen der Zeit und so freut er sich auch, mit uns reden zu können. Wir fragen ihn, warum wir an den Blaubeersträuchern, die es hier zu Hauf gibt, keine Früchte finden. Er erklärt, dass es in diesem Jahr im Frühling viel zu trocken war und sich daher die Blaubeeren nicht entwickeln konnten. Und dass das sicherlich mit dem Klimawandel zu tun hat. Wir verabschieden uns von ihm, überraschen ihn aber wenig später mit einem Eis, das wir noch schnell im nahegelegenen „Einkaufscenter" für ihn holen.

Bei der Wanderung sind wir ganz im Hier und Jetzt und genießen sorgenfrei die Landschaft und die Natur um uns herum. Allerdings beschäftigt uns die Tatsache, dass die Folgen des Klimawandels mittlerweile auch hier zu spüren sind, noch eine ganze Weile. An einigen Stellen, die normalerweise moorig sein müssten, finden wir nur knochentrockene und rissige Erde vor. Viele Flechten und Moose sind so trocken, dass sie unter unseren Schuhen zerbröseln. Das alles stimmt uns nachdenklich. Das Thema Klimawandel geht wirklich jeden etwas an und wir stehen alle in der Verantwortung. Insbesondere in den Bereichen Konsum, Energie und Mobilität haben wir eine große persönliche Entscheidungsfreiheit, uns für oder gegen nachhaltiges Handeln zu entscheiden. Es sind nicht immer nur die Politiker und die anderen schuld. Bei jedem Einkauf können wir einen Unterschied machen.

Wir werden erst aus unseren Gedanken gerissen, als wir auf dem Weg plötzlich ein Rentier bemerken. Es rennt unruhig hin und her und wirkt nervös. Wenig später erklärt sich dieses Verhalten: Auf der anderen Seite des Weges steht noch ein ganz junges Rentier. Als das Muttertier es schafft, den Weg zu kreuzen und zu ihrem Jungen zu gelangen, trotten beide entspannt davon. Schließlich führt uns der Weg auf einen kleinen Gipfel, von dem wir über große Teile der Femundsmarka schauen können. Genuss pur.

Erst nach langer Zeit reißen wir uns von dem Anblick los und wandern wieder zurück zum See, in den wir trotz einstelliger Temperaturen kurz reinspringen. Noah lernt Arvid kennen, einen schwedischen Jungen, mit dem er den restlichen Tag über den Campingplatz tobt. Die dreisprachige Verständigung – Englisch, Deutsch und Schwedisch – funktioniert erstaunlich gut und wir freuen uns, dass Noah nicht nur mit uns herumhängen muss. Netterweise dürfen wir uns gegen Abend, als es langsam wieder kalt wird, an das knisternde Kaminfeuer der alten Gemeinschaftshütte setzen. Wir genießen das gemeinsame Vorlesen.

Am nächsten Morgen machen wir uns wieder auf den Weg. Irgendetwas in uns sagt, dass wir nicht zurück nach Røros fahren sollen, und so geht es weiter südwärts in Richtung Drevsjø. Ob wir dort die Speiche bekommen werden? Und wenn ja, wie lange wird das dauern? Welche Hürden gilt es da zu überwinden?

Etwas Respekt haben wir vor der Fahrt allerdings schon. Um das lädierte Hinterrad des Tandems, das vollgeladen um die 175 Kilo wiegt, zu entlasten, packen wir noch ein paar schwere Sachen auf Anjas Rad. Auf den nächsten 25 Kilometern erwarten uns vor allem Schotterpisten, und Jörg versucht vorsichtig alle Schlaglöcher zu umfahren. Die Gedanken an die gebrochene Speiche und die möglichen Folgen trüben den Gesamteindruck dieser Fahrt besonders für Jörg.

Auf und neben der Straße sehen wir zahlreiche Rentiere, die zum Teil ganz nah an uns herankommen. In dieser Gegend ist die Rentierdichte besonders hoch, da dies der südlichste von norwegischen Samen bewohnte Bereich ist. Es sind wohl um die 3.000 Tiere, die frei herumlaufen. Ab und zu werden hier sogar Braunbären gesichtet, die jedoch Menschen in der Regel meiden. Und wenn wir ganz ehrlich sind, sind wir auch nicht scharf auf eine Begegnung mit einem Bären.

Kurz vor dem kleinen Ort Sorken springen wir zur Abkühlung noch in einen See. Das Schöne an Skandinavien ist, dass alle Gewässer frei zugänglich sind und wir im Prinzip überall baden können. In Deutschland sind die meisten Seen ja sehr stark reglementiert, von Angelvereinen gepachtet oder von Naturschutzverbänden in „Obhut" genommen, wenn sie nicht gänzlich von Privatgrundstücken umgeben und eingezäunt sind.

Nach der Pause rollen wir nichtsahnend durch besagten „Ort" Sorken, wobei wir hier von einem Kanuverleih und maximal zehn verstreuten

Häusern sprechen. Da entdeckt Jörg am Straßenrand einen kleinen Schrott-container. Wirklich nicht groß und nicht besonders auffällig, aber über die Brüstung ragen unter anderem ein paar Fahrradteile.

„Halt mal an, ich schau mal, vielleicht ist ja …", und tatsächlich sind drei alte Laufräder, allesamt 26 Zoll, das passende Maß fürs Pino, im Container. Die Speichen der Räder haben drei verschiedene Längen und eine davon ist exakt so, wie wir sie brauchen – und zu allem Überfluss auch in ähnlich guter Qualität. Danke, Gott! Gut, dass wir nicht nach Røros zurückgefahren sind, sondern auf unsere Intuition gehört haben. Oder war es Inspiration?

Flugs ist die passende Speiche ausgebaut und gleich noch eine als Ersatz dazu. Im weiteren Verlauf führt uns die Straße wieder direkt an den Fe-mundsee und es wird uns klar, dass wir jetzt ja nicht mehr zum Camping-platz nach Drevsjø fahren müssen, sondern frei über den weiteren Verlauf des Tages entscheiden können. Schon ein paar Kilometer weiter finden wir eine traumhafte Stelle, an der wir das Zelt direkt ans Ufer stellen können. Eine ganze Landzunge für uns allein. Wir müssen jetzt nur noch entschei-den, ob wir erst baden, dann Zelt aufbauen und dann das Pino reparieren oder umgekehrt.

Im Endeffekt gehen wir vorher und nachher baden. Und das Schönste ist, die Speiche passt tatsächlich und Jörg kann das Rad wieder zentrieren. Wir staunen und sind dankbar! Keiner von uns glaubt, dass es „Zufall" war, dass genau dort der Container mit den alten Rädern stand.

Abends unterhalten wir uns noch mit einer 64-jährigen Norwegerin, die mit ihrem Wohnmobil allein durch Norwegen reist. In Gedenken an ihren verstorbenen Ehemann (oder zur Sicherheit?) stellt sie immer einen zweiten Stuhl vor das Wohnmobil. Eigentlich fährt sie am liebsten im Herbst oder Frühjahr, da sie dann ganz allein an den schönsten Stellen stehen kann und nicht noch mehr Wohnmobile in der Nähe sind. Sie er-zählt uns ein bisschen aus ihrem Leben: dass ihr Mann vor 13 Jahren ge-storben ist und ihr Hund einen Monat später. Dass sie sich ganz neu orga-nisieren und viel arbeiten musste, jetzt aber Rentnerin ist und anfängt, das Leben zu genießen. Schön, dass sie das jetzt so formulieren kann. Sollte unser Leben nicht immer einen Teil Genuss enthalten?

VOM FEMUNDSEE BIS RENA

Am nächsten Morgen packen wir unsere Ferienwohnung wieder in die Fahrradtaschen und verabschieden uns mit Wehmut von der Femundsmarka.

ANJA: Noah und ich erhalten noch ein tolles Abschiedsgeschenk: Er möchte, dass ich ihn in die nahe gelegene Bucht begleite, wo auch Wohnmobile stehen. Dort gibt es nämlich einige Plumpsklos. Als ich dort aus der Tür trete, bewegen sich gerade vier riesige Rentierbullen majestätisch über den Platz. Einer möchte sich mitten auf dem Weg niederlassen. Was für ein Bild vor dem blauen Wasser und den Bergen im Hintergrund! Jetzt nur keinen Lärm und keine hektische Bewegung. Hoffentlich kommt Noah nicht gleich laut „Mama!"-rufend heraus und vertreibt die Tiere, bevor sie sich richtig anschauen kann. Aber es gelingt! Die Rentierbullen treten zwar den Rückzug an, weil wir ihnen doch zu viel Unruhe verbreiten, aber immerhin genauso langsam und würdevoll, wie sie gekommen sind. Das Bild muss ich ganz fest in meinem Kopf verankern, denn ich habe keine Kamera und kein Handy dabei.

Was wird uns der Tag wohl noch so bringen? Für den Moment denken wir: Das Wetter meint es gut mit uns, denn es ist schon angenehm warm. Doch eigentlich ist es nicht nur angenehm, es ist ungewöhnlich warm für die Gegend. Man sieht der Landschaft förmlich an, dass es hier schon länger nicht richtig geregnet hat. Der Boden ist selbst in direkter Ufernähe völlig ausgedörrt.

Wir füllen unsere Wasserflaschen noch einmal im See auf, denn wir ahnen, dass wir heute viel Trinkwasser brauchen werden. Egal, wo uns der Weg hinführen wird, irgendwann werden wir die Hochebene rund um den Femundsee verlassen, und so freuen wir uns darauf, dass es tendenziell bergab gehen wird. „Tendenziell bergab" wird im Laufe der Tour für uns zu einem geflügelten Wort voller Selbstironie. Längst wissen wir, dass auch die besten Abfahrten in Norwegen immer noch einen kleinen Gegenanstieg irgendwo versteckt haben. Steigungen, Gegenanstiege, was auch immer, wir stellen uns darauf ein, denn das Fahren an sich ist in dieser grandiosen Landschaft schon etwas Besonderes.

Das Fortbewegungsmittel Fahrrad hat für uns genau das richtige Tempo. Mit dem Auto wären wir viel zu schnell unterwegs und könnten die Details am Wegesrand gar nicht erfassen und wahrnehmen. Wandern wäre sicherlich noch intensiver und direkter, ließe aber nicht zu, dass wir in der vorhandenen Zeit so viele unterschiedliche Landstriche sehen können.

Wenn wir konkret über die Route für die nächsten Tage nachdenken, bewegen uns unterschiedliche Gedanken und Möglichkeiten: Wir haben das Gefühl, unser Weg soll langsam wieder in Richtung Glåma führen, um ihrem Verlauf weiter südwärts zu folgen. Allerdings wollen wir auf kleinen Straßen fahren, damit wir diese mit möglichst wenigen Autos teilen müssen. Zudem sollten wir einen Ort mit Einkaufsmöglichkeit finden, da wir unsere Essensvorräte auffüllen müssen. Der nächste Ort dafür wäre Drevsjø, was uns aber in das weiter östlich gelegene Engerdal führen würde. Das soll es aber irgendwie nicht sein, und so nehmen wir einen Weg am südlichen Femundsee entlang. Dieser führt weiter zum Fluss Trysilelva und an diesem entlang.

Irgendwann verlassen wir auch dieses Tal und nutzen die Straße 217. Ein Tal zu verlassen und nicht dem Flusslauf zu folgen hat fast immer die Konsequenz, dass es bergauf geht. So auch hier. Danach fahren wir scheinbar endlos durch eine Berglandschaft mit lichtem Kiefernbestand, und von „tendenziell bergab" ist noch nicht so viel zu spüren.

Nach der Mittagspause, bei der wir uns in einem kleinen See abkühlen können, zeigt der Fahrradcomputer über 32 Grad an und wir dörren genauso aus wie die Landschaft um uns herum. Das Trinkwasser passt sich in den Fahrradflaschen langsam den Außentemperaturen an und ist alles andere als eine kühle Erfrischung. Bei jedem Stopp suchen wir den spärlichen Schatten auf.

Jörg sieht am Nachmittag die Vision von einem kühlen „Erdinger alkoholfrei" vor seinem inneren Auge – was die Werbung doch so mit uns macht … Schnell sagt aber der Verstand: „Vergiss es!" Dann führt die Straße für einige Kilometer an einer Talschulter entlang. Links von uns geht es recht felsig bergauf und rechts neben der Straße sehr steil in ein enges Tal hinunter. Beeindruckend!

Schließlich neigt sich die Straße tatsächlich erst ganz zaghaft und dann rasant talwärts. Wir nehmen Tempo auf und der Fahrtwind wird zum kühlenden Freund. Schilder am Straßenrand warnen die motorisierten Verkehrsteilnehmer vor 12 % Gefälle und raten zu einem kleinen Gang. Uns gefällt das: Wir gleiten kilometerlang die endlosen Kurven hinab und unsere sonnenverbrannten Hirne zelebrieren die ausgeschütteten Endorphine – und das alles natürlich im größten Gang.

Der Weg führt uns ohne weiteren Krafteinsatz bis zum Ort Åkrestrømmen, der am Nordufer des *Storsjøen* („der große See") liegt. Genaugenommen rollen unsere Räder direkt bis vor einen Supermarkt. Wir plündern den Laden; in unserem Einkaufskorb landen eine Melone, ein Liter Himbeereis und – wir können es kaum glauben – „Erdinger alkoholfrei". Vor dem Geschäft verdrücken wir alle diese Köstlichkeiten, bis sich unsere Bäuche wegen Überfüllung mit leichten Magenschmerzen melden. Dann rollen wir noch ein paar hundert Meter weiter bis zum Campingplatz des Ortes.

GLÅMA

– Norwegens längster und wasserreichster Fluss

– ca. 600 Kilometer Länge von der Quelle bei Aursunden (nordöstlich von Røros) bis zur Mündung bei Fredrikstad in den Oslofjord

– Höhenunterschied von der Quelle zur Mündung 860 Meter

– wird im Norden Glåma und im Süden Glomma genannt

– Das Einzugsgebiet umfasst ca. 13 % Norwegens

– fast durchgängig mit Paddelbooten befahrbar

– Stromschnellen wechseln sich mit seenartigen bis zu 1,5 Kilometer breiten Abschnitten ab

– Die Kraftwerke am Fluss erzeugen 10 % des norwegischen Stroms aus Wasserkraft

Auch hier waren die vergangenen zwei Monate fast regenfrei und auf der Zeltwiese suchen wir vergebens die Farbe Grün. So schön ein endloser Sommer auch ist – wenn man über die Zusammenhänge nachdenkt, können einen diese klimatischen Veränderungen schon ängstigen. Deshalb verwundert es auch nicht, dass sich sogar die norwegische Autorin Maja Lunde in ihrem Roman „Die Geschichte des Wassers" dem Thema Wasserknappheit widmet und damit ihre persönliche Angst vor dem Klimawandel verarbeitet. Ja, uns kommen auch immer wieder mal kritische umweltpolitische Gedanken auf dieser Reise. Dennoch schaffen wir es, uns den Blick für das Schöne dieser Landschaft zu bewahren. Und davon gibt es hier reichlich. Zum Beispiel den See, an dessen Ufer der Campingplatz liegt, oder die umliegenden endlosen Wälder.

Gegen Abend kommt ein starker Wind aus Norden auf – ob er einen Wetterwechsel ankündigt? Wenn es so bliebe, dann hätten wir zumindest morgen feinsten Rückenwind. Der direkte und sprichwörtlich hautnahe Kontakt mit dem Wetter macht für uns den fühlbaren Unterschied aus zwischen einer Reise auf dem Rad und einer Reise, auf der man sich in einer Blechhülle fortbewegt.

Autos, Eisenbahnen und Flugzeuge sind irgendwie „Transportboxen" für uns Menschen. Wir kommen zwar schnell von A nach B, aber das Wahrnehmen und Erleben oder besser Er-fahren der Umgebung bleibt oft auf der Strecke. Wie fühlt sich eine Reise an? Mit welchen Sinnen kann ich sie wahrnehmen? Wie kann ich sie beschreiben und mir zu eigen machen? Nicht im Sinne von besitzen, aber als ganzheitliches Eintauchen in die Landschaft, die Gerüche, Farben, Geräusche und Temperatur der Umgebung. Auch Noah bemerkt inzwischen schon kleinste Wetterveränderungen. Klar, sie betreffen ihn ja auch.

Wir nehmen es als echtes Privileg wahr, dass wir so viel draußen sein können. Im Büroalltag, besonders bei Jörg, gibt es manchmal Tage, an denen er abends nicht mal weiß, wie das Wetter tagsüber war. Unsere allgemeine Lebensweise verlagert sich immer mehr in eine künstliche Umgebung. Selbst klassische Ausdauersportarten haben wir von draußen reingeholt und rennen auf Laufbändern und radeln auf Ergometern in stets gleich klimatisierten Räumen. Etwaige „störende" Umgebungsgeräusche werden mit unserer Lieblingsmusik übertönt. Dabei merkt jeder, der es sich bewusst gönnt, wie gut das Draußensein tut: der Blick in die Ferne, der Wind in den Haaren, Sonne – oder auch mal Regen – im Gesicht, und das Ganze am besten ohne Smartphone. Auch von dieser Erkenntnis möchten wir auf jeden Fall etwas mit in unseren Alltag importieren.

Wir werden es morgen auf jeden Fall langsam angehen lassen.

In diesem Bewusstsein verlassen wir tags darauf Åkrestrømmen mit schweren Beinen – aber tatsächlich mit Rückenwind – zu einer vermutlich lockeren 25-Kilometer-Tour am Ostufer des Storsjøen bis Sjølia. Dort verheißt uns unsere Karte einen Campingplatz.

Da die Stecke überschaubar ist und wir ein klares Ziel haben, lassen wir uns mit dem Losfahren viel Zeit. Als wir irgendwann in den Sätteln sitzen, ist es schon kurz vor Mittag. Die Hitze quält uns und unsere Mägen signalisieren schon bald eine innere Leere, so dass wir die erste große Pause einlegen. Da der Kopf sagt: „Kurze Strecke heute!", bleibt ein Motivationshoch aus. Auch wenn die kleine Straße laut Karte direkt neben dem See verläuft, beschert sie uns doch einige Höhenmeter mit knackigen Anstiegen, aber im Gegenzug auch mit netten kurzen Abfahrten.

In Sjølia angekommen müssen wir feststellen, dass es den ehemals öffentlichen Campingplatz nur noch als privaten Platz für Dauercamper gibt und wir unser Zelt hier nicht aufschlagen dürfen. Schade, die Bedeutung des Ortsnamens *Sjølia* war so verheißungsvoll: „Seealm". Puh, da ist körperlich und mental erst mal bei uns die Luft raus. Unser erster frustrierter Gedanke ist: „Jetzt muss schnell ein neues Ziel her oder zumindest ein neuer Plan."

Um Ziel oder Plan zu erkennen machen wir zunächst eine weitere größere Pause. Oberhalb von Sjølia – tatsächlich eine Wiese am See mit drei Häusern – gibt es immerhin eine kleine schöne Kirche mit frischem kühlem Wasser und einer offenen Toilette. Auch wenn die Sjølia-Kirche, wie so viele, geschlossen ist, lädt die Veranda des Friedhofsgebäudes zum Verweilen ein. Wir merken, wie gut uns die Pause an der Kirche mit ihrer schattigen Blumenwiese tut. Der Begriff „Kraftort" klingt vielleicht esoterisch, aber wir merken immer wieder, dass uns Kirchen irgendwie guttun.

Nach der Einkehr und dem Auftanken wirkt die Situation dann auch für uns nicht mehr so dramatisch. Es ist zwar schon Nachmittag, aber so schnell wird es hier ja nicht dunkel. Erstmal checken wir die nähere Umgebung auf unseren Karten: Auf der Open-Street-App im Handy entdecken wir schließlich noch eine „Camping Site" in 12 Kilometern Entfernung – was auch immer das genau heißen mag. Bis zum nächsten

Campingplatz auf der Karte wären es noch 36 Kilometer – zu dem Zeitpunkt für uns unvorstellbar weit weg.

Motiviert, erfrischt und mit neuem Ziel steigen wir auf die Räder, um nach 12 Kilometern und einer angenehmen Abfahrt festzustellen, dass es den angeblichen Platz in der Realität nicht gibt. Einen geeigneten freien Platz finden wir trotz intensiver Suche leider ebenfalls nicht. Zu unserer Freude gibt es dafür aber die ersten reifen Blaubeeren!

Freie Übernachtungsplätze zu finden scheint hier im Süden Norwegens schwieriger zu werden, da die möglichen Flächen oft landwirtschaftlich genutzt werden, privat oder unzugänglich sind. Also heißt das für uns, noch einmal 24 Kilometer Strecke bis zur nächsten Option. Da heißt es Eigenmotivation aufbringen! Noah trägt hervorragend dazu bei, die Stimmung hoch zu halten, indem er vorne auf dem Pino singt oder begeistert von seinen Entdeckungen erzählt.

Inzwischen haben wir das Ufer des Storsjøen längst verlassen und folgen nun der *Rena* („Rentierfluss") flussabwärts. Auf diesen 24 Kilometern haben wir das untrügliche Gefühl, immer – und nicht nur „tendenziell" – leicht bergab zu „fließen" und auch tatsächlich weiterhin Rückenwind zu haben. Es läuft einfach und wir sind im Flow. Und so fließen wir an der Stelle vorbei, die einen Campingplatz aufweisen soll.

Nein, wir haben ihn in unserer Euphorie nicht etwa übersehen. Schon die letzten zwei Stunden haben wir bei der Vorbeifahrt die nähere Umgebung genauestens abgescannt, um einen möglichen Lagerplatz ausfindig zu machen. Und wie so oft gibt es ihn schlichtweg nicht, den vermuteten Campingplatz. Zwischen Straße und Fluss befinden sich nur zwei Häuser und ein privater Garten, aber keine Möglichkeit zum Zelten. Vielleicht müssen wir noch ein kleines Stück weiterfahren? Aber auch das ändert die Faktenlage nicht. Und in der Realität gibt es auch keine alternativen Fakten. Blöde Karte! Oder blöde Wirklichkeit?

Auf jeden Fall hilft uns der vermeintliche „Weg des Wissens" hier nicht weiter. Also, noch einmal anhalten, Müsliriegel, Bananen und andere Kohlenhydrate einschmeißen, damit wir es bis Rena, dem nächsten größeren Ort schaffen. Wieder einmal ist es Noah, der uns schlicht auffordert: „Lasst uns erstmal die Hände falten!" So bitten wir Gott um Kraft und Schutz und fahren weiter.

Eigentlich wollen wir nur noch irgendwo ankommen. Der Verkehr ist mittlerweile wesentlich dichter als zu Tagesbeginn und mit mulmigem Gefühl im Bauch fahren wir auf einer Steigungsstrecke: links eine Felswand und rechts die Leitplanken. In diesem Moment überholt uns ein LKW mit Anhänger in einem „Mördertempo", ohne auf möglichen Gegenverkehr nach der Kurve zu achten. Prompt kommt ein Auto entgegen und beim zügigen Wiedereinscheren kommt der Anhänger ins Schleudern. Nur um Millimeter verfehlt er die Leitplanke gerade so. Das alles spielt sich nur ein paar Meter vor uns ab. Der Schreck sitzt tief!

Auch andere Verkehrsteilnehmer halten nicht so viel vom Sicherheitsabstand beim Überholen, obwohl wir extra Leuchtwesten tragen und mit Licht fahren. Wir sind so dankbar, dass anscheinend auch ein paar Schutzengel mit dabei sind und wir am Ende zwar auf dem Zahnfleisch, aber heil in Rena ankommen.

Tageszusammenfassung: Aus dem „Heute lassen wir es langsam angehen" wurde irgendwie nichts. Im Gegenteil, es ist kilometermäßig unsere Königsetappe geworden.

Meistens fahren wir zwischen 40 und 60 Kilometern am Tag, heute waren es 74. Darauf sind wir schon ein bisschen stolz, auch wenn kurz nach uns ein Holländer mit Minimalgepäck und Rennrad sein Zelt auf dem Campingplatz aufstellt und uns berichtet, dass er gerade 250 Kilometer am Stück hinter sich gebracht hat – Respekt, aber eindeutig nicht unsere Kategorie.

VON RENA BIS ELVERUM

Der Platz in Rena ist zwar ganz nett und günstig, aber nicht wirklich *hygge-lig,* so dass wir beschließen, nach einer Nacht weiterzufahren – jedoch nicht ohne der Badestelle am Campingplatz einen Besuch abzustatten. Wir sind jetzt voll im Sommermodus, springen in jedes kühle Nass rein und genießen die fast leeren Badestellen. Die Badekultur in Norwegen und wohl in ganz Skandinavien ist geprägt von den vielen Seen und Flüssen, die es überall gibt. In der Nähe von Ortschaften oder größeren Kommunen gibt es oftmals öffentliche Badestellen mit Liegewiese, Toiletten, Stegen und manchmal sogar mit Sprungtürmen – der Eintritt ist so gut wie immer kostenlos. Bademeister sind unbekannt, aber manchmal gibt es einen klei-nen Kiosk. Außerhalb der Ortschaften gibt es darüber hinaus unzählige Möglichkeiten zum Baden, und so ist es auch eigentlich nirgends überfüllt.

Heute wollen wir es wirklich langsam angehen lassen. Die Chancen dazu stehen recht gut: Erstens wollen wir der Glåma flussabwärts weiter in Richtung Süden folgen. Zweitens ist unser designiertes Tagesziel

BIRKEBEINER-RENNEN

„Birkebeiner" wurden die Rebellen in der Zeit des norwegischen Bürgerkrieges im 13. Jahrhundert genannt. Sie mussten sich nach einer Niederlage in die Wälder flüchten und sollen ihre Waden mit Birkenrinde umwickelt haben, um sich vor der Kälte zu schützen. Ihre Gegner wollten den Königssohn und späteren König Håkon Håkonsson umbringen, der damals noch ein Baby war. Die Sage berichtet, dass die zwei besten Birkebeiner-Skiläufer den kleinen Prinzen Håkon in Sicherheit brachten, indem sie mit ihm an Weihnachten von Lillehammer über die Berge nach Rena und weiter nach Trondheim flohen.

Im Gedenken an diese besondere Tat gibt es seit 1932 das Birkebeiner-Rennen, das über 54 Kilometer von Rena nach Lillehammer führt. Das Rennen ist mittlerweile so beliebt, dass die 17.000 Startplätze jedes Jahr in weniger als 20 Minuten ab der Freigabe vergeben sind. In den letzten Jahren haben sich neben dem Birkebeiner-Skirennen auch der Birkebeiner-Lauf und das Birkebeiner-Moutainbike-Rennen als Sommerdisziplinen mit unterschiedlichen Längen etabliert. Der *Birkebeinerrittet* führt über ca. 90 Kilometer Länge durch eine sehenswerte Berglandschaft und ist mit den mittlerweile auch 17.000 Startplätzen zum größten Mountainbike-Rennen der Welt geworden.

Als Symbol für die heldenhafte Tat von damals werden bei allen Disziplinen nur Teilnehmer gewertet, die mit einem mindestens 3,5 Kilo schweren Rucksack – dem Gewicht eines Babys – ins Ziel kommen.

Mehrsprachige Informationen zum Rennen: www.birkebeiner.no

Elverum mit 40 Kilometern Entfernung gut erreichbar. Drittens wissen wir, dass es einen Campingplatz gibt, da wir dort vor einigen Jahren schon mal waren.

Erstmal rollen wir in Richtung Rena-Zentrum, das aus einer Kirche und einem kleinen Einkaufscenter besteht. Viel ist hier nicht gerade los. Im Ort selbst leben 2.200 Menschen und in der näheren Umgebung noch einmal so viele. Wir können uns kaum vorstellen, dass zu den Birkebeiner-Rennen (siehe Infobox), die hier starten, jeweils 17.000 Sportler plus Trossangehörige den Ort belagern. Vermutlich herrscht an den Renntagen hier der absolute Ausnahmezustand.

In einem der zwei Sportläden, die wir aufsuchen, um nach Ersatz für unser angebrochenes Zeltgestänge zu schauen, werden wir gefragt, ob wir auch die Birkebeiner-Strecke nach Lillehammer radeln wollen. Ehrlich gesagt haben wir darüber nicht ernsthaft nachgedacht, und die Strecke ist wohl auch nicht für Reiseradler geeignet. Außerdem wollen wir es ja heute langsam angehen lassen. Das tun wir auch, indem wir erstmal in Ruhe die Holzblockkirche von 1902 von innen bewundern. Eine nette Dame erzählt uns etwas über die Geschichte und die Besonderheiten der Kirche. Ersatz für die Zeltstange haben wir übrigens nicht bekommen, aber noch hält sie ja.

Uns gefällt in Rena, dass an vielen Ecken buntlackierte ausrangierte Fahrräder aufgestellt wurden, die mit frischen Blumen geschmückt sind. Wir sehen sogar, wie eine ältere Dame diese liebevoll pflegt und gießt.

Bis wir uns von dem netten Ort trennen, ist die Mittagszeit vorbei und wir fahren gemütlich zum Ufer der Glåma. Während die größere Straße Nr. 3 am westlichen Ufer des Flusses entlangführt, entscheiden wir uns für die kleinere am Ostufer. Eine gute Wahl, da es hier nicht so viel Verkehr gibt.

Norwegen hat landschaftlich so viele unterschiedliche Gesichter. Häufig wird das Land nur mit Fjorden assoziiert und zu Recht natürlich auch mit der unendlichen langen Küste. So schrieb schon Douglas Adams in seinem Roman „Per Anhalter durch die Galaxis" – eine Pflichtlektüre unserer Generation –, dass der Planetendesigner Slartibartfaß für die Gestaltung der Fjorde und Gletscher Norwegens einen Preis gewonnen hat. Aber neben den Küstenregionen gibt es noch so viel anderes Schönes in Norwegen zu entdecken, und wir finden, dass der tatsächliche „Planetendesigner" auch sehr viel Kreativität in Ostnorwegen investiert hat.

Bei unserer Tour durch die Flusslandschaft beobachten wir, wie die Natur im Tal der Glåma immer lieblicher wird. Die Glåma hat von der Quelle bis zur Mündung in den Oslofjord noch einen relativ ursprünglichen Flusslauf. Hier findet man keine kilometerlangen Begradigungen und Dämme, wie wir sie von den großen deutschen Flüssen kennen. Ein paar Staustufen zur Stromerzeugung gibt es zwar schon, aber für größere Schiffe ist der Fluss nicht befahrbar. Ruhige, langsam strömende und fast seeähnliche Abschnitte wechseln sich mit kleinen Stromschnellen und kleinen Inseln ab. Dieser Variantenreichtum ist ein Paradies für Angler und Kanufahrer, von denen wir immer mal wieder welche sehen.

Wir genießen die Leichtigkeit des Tages. Während Jörg anhält, um einen typisch norwegischen Hof mit traditionell weißem Wohnhaus und roten Nebengebäuden zu fotografieren, entdeckt Anja die perfekte Badestelle mit einem kleinen Strand am Fluss.

Für uns ist die Glåma der „Glimmerfluss", da wir während unserer Tour nicht herausfinden können, was *glåm* eigentlich heißt. Genaues können uns auch die Einheimischen nicht sagen, die wir fragen. Bei dem herrlichen Sonnenwetter, das uns gerade beglückt, glänzt nicht nur das Wasser, sondern auch der Uferbereich: der Sand und die Steine am Ufer enthalten sehr viel Glimmermineralien.

Bevor wir nach Elverum kommen, fahren wir durch weite lichte Kiefernwälder und können an vielen Stellen sehen, dass es hier eine aktive Forstbewirtschaftung gibt. Früher wurde auf der Glåma Holzflößerei betrieben, heute werden wir hin und wieder von Holzlastern überholt. Wahrscheinlich ist es auch kein Zufall, dass in Elverum das einzige norwegische Forstmuseum steht.

Auf Elverum selbst sind wir gespannt, da wir dort gefühlt noch eine „Rechnung" von unserer allerersten Norwegen-Radreise offen haben. Es war an einem Wochenende im Sommer 1992. Außer uns waren noch einige norwegische Familien aus der Umgebung auf dem Campingplatz. Von unserer Einschätzung ihres Konsum- und Benimmverhaltens her handelte es sich bei diesen Campern wohl nicht um die Bildungselite Norwegens. So wie jetzt auch waren wir mit einem Tunnelzelt unterwegs. Bei allen Vorteilen von Tunnelzelten haben sie einen entscheidenden Nachteil: Sie sind ohne Abspannung nicht freistehend. Ob das auch die Jugendlichen wussten, die uns in jener Nacht einen Großteil der Zeltheringe entwendeten?

Auf jeden Fall fanden wir es gar nicht lustig, auf einmal in einem in sich zusammenfallenden Zelt zu liegen. Seitdem befand sich dieser Campingplatz und eigentlich der ganze Ort für uns in einer nicht gerade positiven Gedankenschublade und wir haben es vermieden, dort noch einmal zu zelten. Aber jeder verdient ja eine zweite Chance, so auch Elverum – zumal wir ja auch unser Schubladendenken hinterfragen wollen.

Elverum empfängt uns als moderne, aufstrebende Kleinstadt mit vielen neuen Gebäuden, aber auch viel Verkehr. Hier treffen sich ein paar Hauptverkehrsrouten Ostnorwegens. Der Campingplatz liegt etwas außerhalb vom Zentrum direkt am Fluss und um es kurz zu machen: Ja, wir können ihn mittlerweile vollumfänglich weiterempfehlen!

Wir begegnen einem sehr wortkargen Reiseradler aus Dessau, der die meiste Zeit in der Küche verbringt und dort seine weitere Route plant. Er war schon am Nordkap und will jetzt wieder zurück nach Dessau radeln. Planung heißt bei ihm ganz klar der Weg des Wissens. Mit mehreren Programmen sucht er mögliche Tracks und stellt sie zu einer Route für das Navi zusammen.

Am nächsten Tag kommt Jörg mit ihm ins Gespräch, er ist ganz nett, wenn auch etwas verschlossen. Er ist mit sich und seiner Tour glücklich – vermuten wir –, und der Austausch mit anderen scheint ihm nicht besonders wichtig zu sein. Im Gegenteil, wir haben fast das Gefühl, ihn zu stören, als wir versuchen, ein wenig mit ihm zu plaudern. Immerhin teilt er die Erfahrung mit uns, dass manche Campingplätze zwar gelistet, jedoch nicht existent sind. Für ihn ist es aber unvorstellbar, dass wir noch nicht wissen, auf welcher Route wir weiterfahren wollen, und uns darum nicht so konkret kümmern wie er.

Ja, in der Tat, das wissen wir noch nicht. Das Ziel bleibt Oslo, aber von Elverum aus gibt es mehrere Möglichkeiten, um dorthin zu kommen. Da wir ganz stark vermuten, dass wir nur noch wenige geeignete freie Übernachtungsplätze finden werden, recherchieren wir erstmal die möglichen Campingplätze. Diesmal nutzen wir nicht nur unsere Karten, sondern auch das Internet, um sicher zu gehen, dass es diese Plätze auch wirklich gibt. Dabei stellen wir fest, dass es zu wenige Campingplätze für die Länge unserer anstehenden Tagesetappen gibt.

Dann kommt uns die Idee, erstmal westlich nach Hamar an den Mjøsa zu fahren. Der Mjøsa ist der größte See Norwegens und dort fährt ein Schiff unter anderem bis ans Südende nach Eidsvoll. Das scheint zunächst die Lösung zu sein. Jedoch können wir auch zwischen Eidsvoll und Oslo keinen geeigneten Campingplatz für unseren Ruhetag ausfindig machen. Einen potenziellen Gastgeber über Warmshowers gibt es in Hamar. Bisher hat er sich aber nicht auf unsere Anfrage gemeldet.

Die Alternative ist, weiter an der Glåma entlang nach Süden zu fahren. In Flisa befindet sich noch ein Campingplatz, aber weiter südlich wird es dann dünn. Bei all diesen Gedanken wird uns auch klar, dass wir schon in ein paar Tagen in Oslo sein werden. Einerseits ein schöner Gedanke, andererseits kommt auch ein leichter Anflug von Wehmut auf – das soll es dann gewesen sein?

Wir haben doch noch Zeit und ans Nach-Hause-fahren möchten wir noch gar nicht denken. Wir haben das Gefühl, die Reise könnte jetzt end-

los so weitergehen. Es gibt keinen einzigen Moment, in dem es uns langweilig wird. Im Gegenteil, die Tage sind richtig gut ausgefüllt. Wenn wir radeln, dann radeln wir, und wenn wir irgendwo einen Tag bleiben wollen, dann machen wir das. An zu Hause oder gar an die Arbeit denken wir im Moment gar nicht. Mit unseren großen Kindern und Eltern sind wir regelmäßig in Kontakt und wissen, dass es ihnen gut geht. Der Honig unserer Bienen wurde schon

ELVERUM

- hat ca. 21.000 Einwohner

- Hochschulstandort für mehrere Studiengänge im Gesundheitswesen

- liegt an der Glåma

- wird auch „Hauptstadt der Wälder" genannt

- einziges norwegisches Forstmuseum (seit 1954)

- Der Skilangläufer und achtfache Olympiasieger Bjørn Dæhlie (*1967) stammt aus Elverum

reichlich ohne unsere Hilfe geschleudert, und auf dem Konto ist, dank einer ungeahnt hohen Steuerrückzahlung, auch noch Geld – all die anfänglichen Bedenken und Sorgen sind offensichtlich unnötig gewesen. Wir sind jetzt so richtig in der Zeitlosigkeit angekommen.

Am Anfang unserer dreimonatigen Auszeit lag unfassbar viel Zeit zur freien Gestaltung vor uns. Nach vier Wochen hatten wir das Gefühl: Einen langen Urlaub haben wir jetzt hinter uns, zwei liegen noch vor uns. Und dann kamen wir in einen Modus, in dem wir die Zeit gar nicht mehr berechnet oder eingeteilt haben. Seitdem strecken wir einfach unsere Flügel aus und gleiten in der Thermik der Zeitlosigkeit durch den Raum und genießen die Aussicht. Noah hingegen spricht manchmal von unserem Haus und dem Garten mit seinem Baumhaus oder freut sich auf seinen Kindergarten – bis er realisiert, dass er nach der Reise ja gar nicht mehr dort hingehen wird, sondern in die Schule.

Die Frage: „Wie kommen wir nach Oslo?" steht noch im Raum. Die Verantwortung, die wir für Noah tragen, macht uns die Entscheidung nicht leicht und wir haben das Gefühl, dass die Weiterreise wieder ein Verlassen unserer gerade neu gewonnenen Komfortzone bedeuten könnte. Es fällt uns jedenfalls leichter, irgendwo in der Wildnis ein Plätzchen zu finden, als in den Kulturlandschaften, die vor uns liegen. Es wird in den nächsten Tagen wohl noch öfter die Situation geben, dass wir morgens losfahren, ohne zu wissen, wo und wie wir die Nacht verbringen werden. Doch das ist für uns wesentlich vorstellbarer als der Gedanke, einen Urlaub in einer All-In-Hotelanlage zu verbringen. Das wäre für uns der reinste Horror und ein klares Zuviel an Sicherheit. Wahrscheinlich wissen wir nicht mal, wie man so eine Reise bucht.

Wieder mal versuchen wir, auf unser Inneres zu hören, und schreiben unsere Fragen in den Tagesgedanken auf: Was wollen wir? Was ist gut für uns? Wo können wir für andere wichtig sein? Welche Begegnungen liegen wohl noch vor uns? Gibt es noch andere Optionen, um es nach Oslo zu schaffen?

Wir sind sehr gespannt, was in den nächsten Tagen passieren wird. Jetzt gerade haben wir noch keine klaren Antworten auf diese Fragen. Aber was treibt uns denn? Die Frage „Wann kommen wir nach Oslo?" steht ja gar nicht zur Debatte.

So entscheiden wir uns, uns erstmal nicht zu entscheiden und nicht direkt am nächsten Tag weiterzufahren. Beide angedachten Optionen stehen

uns auch später noch zur Verfügung, auch wenn das Schiff über den Mjøsa nicht täglich in jede Richtung fährt. So „tröttelt" der Vormittag vor sich hin und wir nutzen das, was wir vor uns haben: den schönen Platz und das Badewetter. Wir gehen mehrfach im Fluss schwimmen, spielen im Sand, bauen mit Noah ein kleines Schiffchen, lassen uns durch Elverum treiben und stöbern durch die Outdoor-Läden.

Leider gibt es auch hier kein Ersatzgestänge für unser Zelt. Dafür gönnen wir uns endlich ein *Softis med strøsel* – Softeis mit vielen bunten Streuselarten. Es gehört auch irgendwie zum skandinavischen Sommer dazu. In einem Sportladen bekommen wir immerhin die Information, dass es kurz vor Hamar ein großes Outdoor-Geschäft gibt, das die gesuchte Zeltmarke führt und in dem wir wahrscheinlich ein neues Gestänge bekommen können. Ein Zeichen? Im gleichen Laden erfahren wir aber auch, dass die Strecke nach Hamar sehr stark befahren ist und es weder einen Radweg noch eine Alternativroute gibt. Hmm?! Der Schreck kurz vor Rena ist uns noch lebhaft in Erinnerung.

Als wir zurück zum Campingplatz kommen, wird es dort voller und lauter. Am nächsten Tag soll das Jahrestreffen der Ford-Mustang-Fans beginnen, und schon heute sind einige von ihnen angereist. Jeder Neuankömmling lässt alle anderen mit dem typischen Geräusch großvolumiger amerikanischer Sportwagenmotoren an seiner Ankunft teilnehmen. Das gehört auch zu Norwegen: mit amerikanischen Oldtimern durch die Stadt zu cruisen ist hier schwer angesagt. Vor ein paar Jahren sind wir einmal mit unserem Bus in so einen Wochenend-Autokorso geraten und fast nicht mehr rausgekommen.

Auf der Zeltwiese direkt am Fluss gibt es ein paar neue Nachbarn: rechts von uns steht das Zelt eines schwedischen Pärchens. Sie sind auf der Rückreise ihres Motorradurlaubes und erzählen uns ein bisschen davon. Wir sitzen lange abends mit ihnen zusammen. Auf unserer linken Seite ist ein älteres norwegisches Paar angekommen. Den gesamten Nachmittag belegen sie eine Sitzgruppe, die sie zum Abstellen ihres Essens und ihrer Bierdosen nutzen. Ob sie hier nur den Nachmittag verbringen?

Gegen Abend beginnen sie tatsächlich ein kleines Zelt aufzustellen und nutzen dazu genau zwei Heringe. Als sie diese Aktivität beenden, sieht das Zelt in unseren Augen nicht aus, als würde es notfalls Wind und Wetter standhalten können – aber sie sind fertig! So unterschiedlich sind doch die Prioritäten!

VON ELVERUM BIS FETSUND

Unsere Entscheidung weiterzureisen steht. Nicht zuletzt wollen wir dem Treffen der Motorenthusiasten mit ihren Mustangs entfliehen, die heute Abend sicherlich in den Party-Modus schalten. Am Morgen beim Packen hatte Jörg das klare Gefühl, dass wir weiter südwärts an der Glåma entlang bis nach Flisa fahren sollen und nicht zum Mjøsa. Anja verspürt keine solche innere Richtung, und so vertraut sie auf Jörgs Intuition.

Wir wollen relativ früh losfahren, um vor der Mittagshitze schon ein paar Kilometer unter die Reifen zu bringen. Was auch immer „relativ früh" heißt, aber daraus wird nichts, da der Tag nur langsam in Gang kommt und wir noch mit Willem frühstücken, einem holländischen Radreisenden, der allein unterwegs ist und den wir spontan eingeladen haben.

Die Verzögerung ist es, wie so oft, wert! Willem erzählt uns, dass er sich auch eine dreimonatige Auszeit genommen hat, weil er in der nächsten Woche sechzig wird. Sein Plan ist, zwei Monate zu radeln und dann noch einen Monat dazu zu nutzen, um innerlich wieder zu Hause anzukommen.

Über das innerliche Ankommen haben wir ehrlich gesagt noch gar nicht so wirklich nachgedacht. Klar, wir merken schon, dass wir uns verändert haben und nicht mehr so heimkommen werden, wie wir losgefahren sind. Die Rückkehr beziehungsweise den Wiedereinstieg ins Alltagsleben zu planen ist also vielleicht gar keine schlechte Idee.

Als wir vor dem Frühstück wie üblich beten, fragt uns Willem, warum wir das machen und was der Glaube uns bedeutet. Er ist fasziniert von Menschen, die glauben können, sagt er, und bewundert das auch ein bisschen. Doch er ist sich sicher, dass es keinen Gott gibt, weswegen er sich auch als Atheisten bezeichnet.

Er erzählt von einer Fahrradpanne, bei der er in Schweden fast eine Woche auf die Nachlieferung eines bestimmten Teils für seine Schaltung warten musste. Wir denken an unseren Speichenbruch zurück: Panne – Gebet – Schrottcontainer mit passender Speiche –, und grinsen in uns hinein. Dann reden wir noch ein bisschen über die „Nordkap-Radler", die sich morgens früh den Wecker stellen und rasch alles bereit haben, um die nächste große Etappe abzureiten. Willem nennt sie nur „Kilometer-Fresser". Ihm geht es so wie uns: Begegnungen sind ihm wichtiger als Streckenlänge, wobei wir das andere hier nicht abwerten wollen, es ist einfach nur eine andere Reisepriorität.

Bis wir dann endlich auf der Straße sind, ist der Tag schon bis zum späten Vormittag fortgeschritten. Als Tagesziel haben wir uns Flisa vorgenommen. Den Campingplatz haben wir sicherheitshalber noch einmal im Internet überprüft. Die letzten Bewertungen sind gerade mal acht Wochen alt – also sollte es den Platz auch geben. Wie es danach weitergeht, werden wir dann sehen.

Das Wetter ist von Anfang an sehr schwül, und eine schwere Mittagshitze legt sich über das weite Tal der Glåma. Die Route selbst besticht durch langweiligste Streckenführung, um nicht von absoluter Eintönigkeit zu sprechen. Oder ist es unsere innere Haltung und Erwartung? Was können schon 40 Kilometer flache Strecke durch Felder in der Sommerhitze an Erfahrungen bringen? Der Wind ist auch nicht gerade unser Freund. Und wer an eine romantische Fahrt am Fluss denkt, dem sei erklärt, dass die kleine Straße, auf der wir unterwegs sind, irgendwo im weitläufigen Glåma-Tal verläuft, aber nicht direkt am Wasser. Ja, meistens verläuft sie nicht einmal in Sichtweite des Flusses, sondern eher durch ein gefühlt endloses Getreidefeld. Nur ganz selten geht es mal durch einen kleinen Wald. Es sieht insgesamt so aus, als würden wir uns unseren Weg durch die Kornkammer Norwegens bahnen. Das sind die Momente, in denen wir das Gefühl für die schon gefahrenen Kilometer und die vergangene Zeit verlieren.

Wir staunen darüber, dass hier fast alle Felder mit Bewässerungssystemen ausgestattet sind. Klimawandel hin oder her, es scheint, als hätten die Landwirte hier Erfahrungen mit Trockenperioden und das nicht erst in diesem extrem warmen Sommer. Noah wartet immer darauf, dass wir in die Nähe so einer riesigen Beregnungsmaschine kommen, um ein paar Tropfen abzubekommen. Leider klappt das kein einziges Mal und auch der Fluss selbst ist zu weit weg, als dass wir uns ein kühles Bad gönnen könnten.

Der Weg bis Flisa zieht sich wie Kaugummi in die Länge. Und tatsächlich ist die Strecke am Ende auch 20 Kilometer länger als erwartet. Das liegt wohl daran, dass wir die Länge unserer Route vorher nur anhand des Flusslaufes überschlagen und die Schlenker von einer zur anderen Talseite unterschätzt haben.

Jetzt, am Ende des Tages, liegt nur noch eine Brücke vor uns, bis wir zum Campingplatz kommen – angeblich die längste hölzerne Straßenbrücke der Welt, wie wir später erfahren. Als wir auf der anderen Seite der Brücke ankommen, trauen wir unseren Augen nicht: Auf dem Straßenschild ist das Campingplatz-Symbol durchgestrichen. Und tatsächlich, der Platz ist geschlossen und abgeräumt. Was soll das jetzt? Wir können es nicht fassen, wir haben doch den Platz vorher zwei Mal im Internet recherchiert …

Später bekommen wir die Information, dass der Campingplatz erst vor ein paar Wochen verkauft und dann aufgegeben worden ist. Was nun? Noah weint, weil er Angst hat, dass wir keinen Platz zum Übernachten finden. Und ehrlich gesagt ist uns auch genau danach zumute. Wir sind fertig von der Etappe und frustriert, weil wir noch keinen Platz für den Ruhetag haben.

Wenn wir morgens aufbrechen, sind wir immer positiv gespannt und neugierig darauf, was wohl das Highlight des Tages werden wird und welche Begegnungen wir erleben werden. Vielleicht müssen wir für heute einfach das Frühstück mit Willem als den goldenen Moment des Tages verbuchen. Besorgten Gedanken nachzuhängen bringt uns nicht weiter.

Wir entscheiden, schnell noch in den Ort zu fahren, um vor Geschäftsschluss wenigstens die fehlenden Lebensmittel für das Wochenende zu kaufen. Zwischen dem Ende der Holzbrücke und dem Ort liegt aber noch ein kurzer knackiger Anstieg der Kategorie „Schieben", was unsere Laune nicht gerade aufheitert.

Endlich oben angekommen befinden wir uns in einem Wohngebiet mit Einfamilienhäusern, von einem Stadtzentrum keine Spur. Eine ältere Fahrradfahrerin radelt freundlich grüßend an uns vorüber.

ANJA: Das löst zwei simultane Gedanken in mir aus: „Wie nett, Fremde einfach so zu grüßen!" und „Wenn du wüsstest, liebe Frau, wie es uns gerade geht … kannst du uns nicht einfach ansprechen und helfen?"

Doch zu unserer Erleichterung ist das Stadtzentrum doch hinter der nächsten Ecke zu finden. Mit einem Gefühlscocktail aus Frust, Müdigkeit und Ratlosigkeit parken wir unsere Räder vor einem kleinen Einkaufscenter mit Supermarkt. Direkt neben uns stellt genau jene Norwegerin, die kurz vorher so freundlich gegrüßt hat, ihr Rad ab.

„På Sykeltur?" – „Seid ihr auf Radtour?" Die typische Auftaktansprache der Norweger für einen Smalltalk.

„Ja, wir fahren Rad, aber eigentlich sind wir gerade ein bisschen verzweifelt und suchen einen Platz für die Nacht!", platzt es auf Norwegisch aus uns raus.

Und so kommen wir mit Britt ins Gespräch über mögliche Schlafplatzoptionen in Flisa. Schnell erfasst sie unsere Lage und liefert ein paar Ideen, die sich aber alle als nicht praktikabel erweisen. Dann kommt noch eine Bekannte von ihr aus dem Laden und wird gleich mit einbezogen. Sie empfiehlt einen Badeplatz direkt an der Glåma. Er sei nur ein paar Kilometer entfernt und auf der anderen Seite des Flusses. Wir sind zunächst skeptisch, da an solchen Stellen das Zelten oft explizit verboten ist. Britt und ihre Bekannte sind sich auch nicht ganz sicher. Aber welche Wahl haben wir? Britt sagt noch, dass es immer einen Weg gibt und wir nicht den Mut verlieren sollen. Danke, dieser Zuspruch tut uns gerade gut.

Nach dem Einkauf treffen wir Britt noch einmal und rasch entwickelt sich ein Gespräch mit persönlichem Tiefgang. Sie erzählt von ihrem Enkel, der vor neun Monaten im Alter von elf Jahren an Krebs gestorben ist, und von ihrem Sohn, der für eine Krebsstiftung an einer Benefizradtour von Norwegen nach Paris teilnimmt. Wir erzählen von Jolene und merken, wie nah wir uns in der vergangenen Stunde gekommen sind. Am Ende umarmen

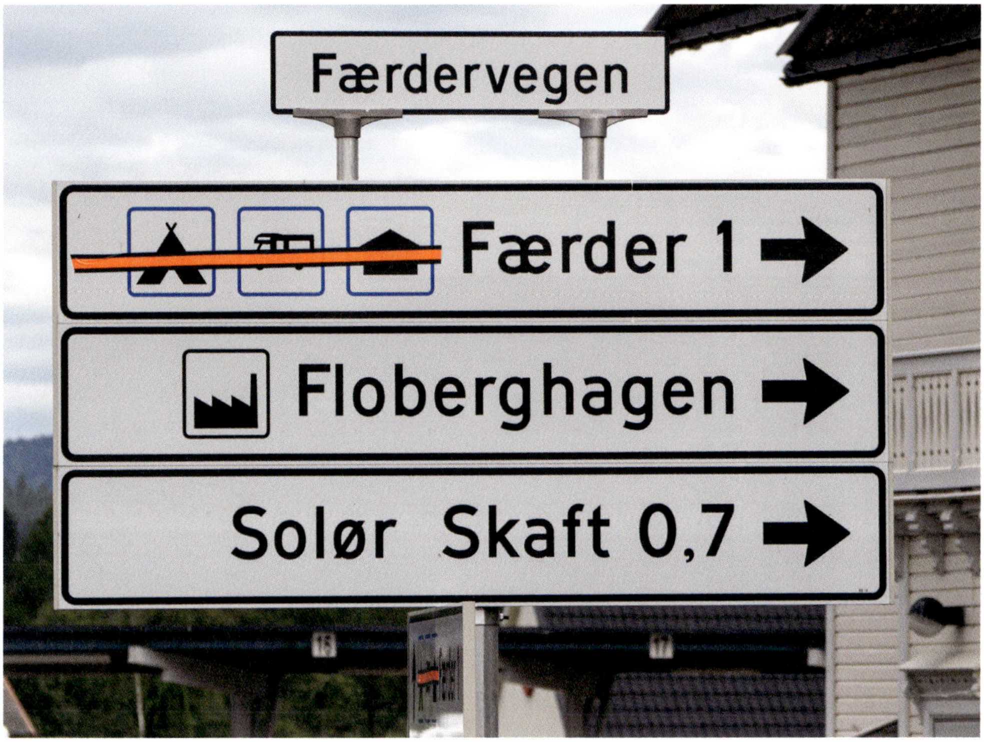

Færdervegen

Færder 1 →

Floberghagen →

Solør Skaft 0,7 →

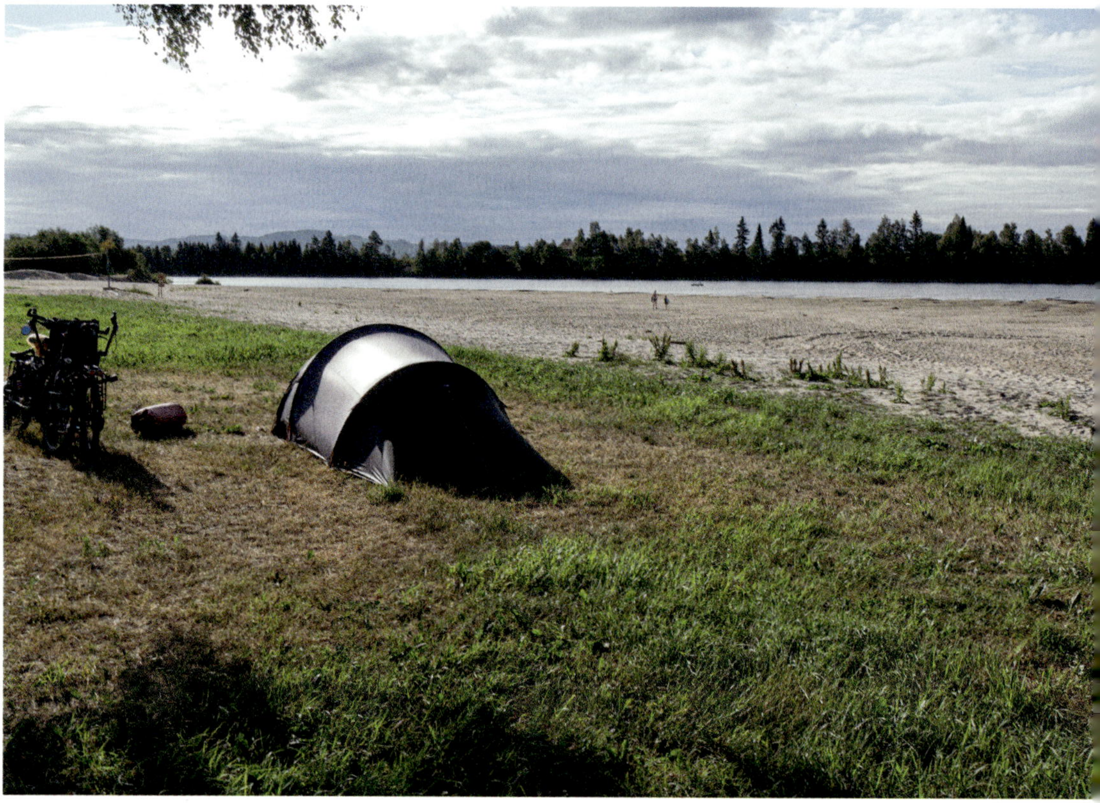

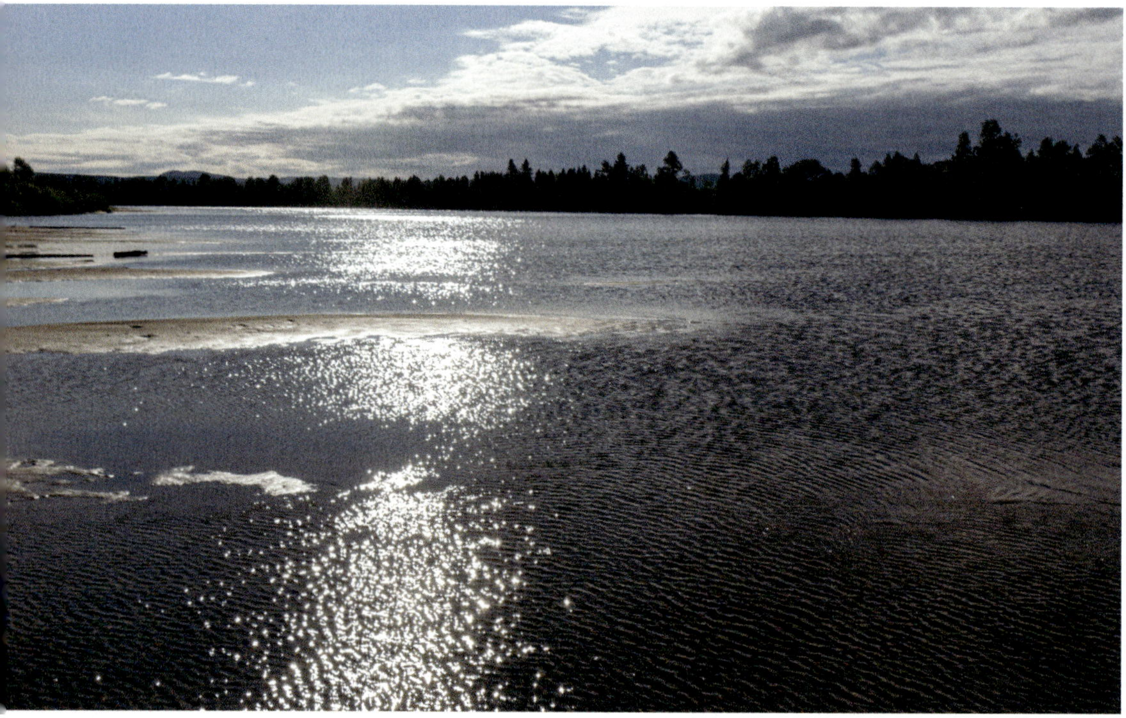

wir uns wie alte Freunde und sagen Britt zum Abschied, dass sie heute unser Engel war. Das zaubert ihr ein unglaubliches Strahlen und ein paar Tränen ins Gesicht.

Mit neuem Mut und neuer Kraft radeln wir zur beschriebenen Badestelle. Kurz vor der Stelle halten wir noch einmal an, um zu schauen, ob wir noch auf dem richtigen Weg sind. „Zufällig" wieder an einer Kirche.

Sofort kommt eine Frau vom Kirchhof auf uns zu und fragt, ob sie uns helfen kann. Als wir ihr sagen, was wir vorhaben, beschreibt sie uns den genauen Weg und sagt: „Das ist eine schöne Stelle, da könnt ihr gut zelten."

Das nehmen wir als Bestätigung, dass dies der richtige Platz für unsere nächste Nacht ist. Und wirklich, die Stelle ist der Traum: einige hundert Meter Sandstrand am Fluss, ein Unterstand, Toilette – alles ist sehr sauber und für einen Freitagabend im Sommer ist nicht viel los. Am Eingang des weitläufigen Areals steht ein Schild, das darauf hinweist, dass diese Stelle von Mitgliedern der Kirchengemeinde ehrenamtlich gepflegt wird und alle hier eine gute Zeit haben sollen. Wir denken nur: *„Schabbat Schalom"*, der Ruhetag kann kommen!

Dankbar nehmen wir den Platz an und können unser Glück noch nicht ganz fassen. Befreit von allen Sorgen schmeißen wir uns in die Fluten der Glåma. Später, während wir kochen, kommen zwei Familien mit ihren vier Mädchen an den Strand. Schnell „schleppen" sie Noah ab und integrieren ihn in ihr Volleyballspiel.

Nach einer ruhigen Nacht und einem morgendlichen Bad im Fluss schlürfen wir unseren Kaffee, als nach und nach immer mehr Leute an den Strand kommen und beginnen, ein größeres Partyzelt aufzubauen. Wir genießen den Morgen und schauen einfach zu. Mit einem der Zelt-aufbauer, er heißt Jan, kommen wir ins Gespräch. Er bietet uns an, dass wir in seinem Garten Trinkwasser holen können. Und er erklärt uns auch, dass das Zelt für eine Überraschungsparty für eine Bewohnerin der Siedlung aufgebaut wird. Aus dem Zuschauen wird Mithelfen, da wir sehen, dass bei dem Wind gut noch weitere anpackende Hände gebraucht werden können.

ANJA: Manchmal sind Menschen in unserem Kopf schon in Schubladen, bevor wir uns richtig bewusst sind, dass wir die Zuordnung vorgenommen haben. Für Jan würde in seinem ganzen Habitus und der netten, korrekten, aber offenen Art die Schublade „pensionierter

Schulrektor" passen. Vielleicht hat er aber auch einfach nur eine gewisse Ähnlichkeit mit meinem eigenen Direktor aus der Grundschulzeit?

Kurz darauf kommt dann die Auflösung: Zunächst fragt er uns beide, was wir beruflich so machen, und hängt gleich noch an Anja gewandt die Frage an, ob sie Lehrerin sei. Haben Pädagogen einen Stempel auf der Stirn? Und tatsächlich, er ist Schuldirektor gewesen. Bingo! Über die eigene Schublade denkt man ja nicht so viel nach wie über die anderer. Aber Jan hat das für uns erledigt. Er dachte nämlich sofort, dass wir beide Lehrer sein könnten. Tja, da hat er nur bei Anja richtig gelegen.

Als das Zelt steht, erweitern Jan und seine Frau Agnes das Trinkwasserangebot zu einer Kaffee-Einladung. Diese entspricht dann in der Realität einem leckeren Kuchensnack am frühen Nachmittag. Noah darf bei Agnes und Jan in der „Enkelspielzeug-Kiste" stöbern. Während er sich über die Abwechslung freut, weicht bei uns Erwachsenen der Smalltalk schnell einem richtig guten Gespräch mit echtem gegenseitigem Interesse.

An der Geschichte anderer teilzunehmen ist der Schlüssel zu solchen tiefgehenden Begegnungen. So erzählen uns die beiden auch vom Tod ihres Sohnes, und wir spüren die innere Verbundenheit zu unserer eigenen Geschichte. Den Verlust eines lieben Menschen kann man nie derart verarbeiten, dass es einen nicht mehr betrifft. So stimmt auch der Spruch „Die Zeit heilt alle Wunden" nur zum Teil. Manchmal wird Heilen mit Verdrängen verwechselt. Ist es nicht viel existenzieller und heilsamer, wenn wir unsere Wunden als Teil unserer Geschichte zulassen können?

Wir lernen auf jeden Fall im Garten von Agnes und Jan viel über das Leben und über die Norweger. Die beiden begleiten uns die nächsten Wochen noch auf der weiteren Reise, indem sie unseren Blog lesen und kommentieren.

Beim Nachsinnen über den Anflug von Verzweiflung von gestern sind wir immer noch ganz sprachlos. Eigentlich wollten wir doch einen Übernachtungsplatz finden und jetzt ist mehr als ein goldener Moment daraus geworden.

Beflügelt und mit Rückenwind rollen wir bis zum Abend noch ein gutes Stück an der Glåma entlang. Es ist Sommer, Wochenende und warm. In Skandinavien sind das die wenigen Monate im Jahr, in denen man unbeschwert draußen sitzen kann. Viele Menschen sitzen gemütlich in ihren

Gärten und feiern genau das. Wir sehen Jugendliche, die im Abendlicht an den breiten Sandufern des Flusses Beachvolleyball spielen, Musik hören oder einfach nur chillen. Es ist schön, das zu sehen und die gute Stimmung steckt auch an.

Dennoch merken wir, dass das nicht der Film ist, in dem wir mitspielen. Wir sind nur die Zuschauer, denn wir sind schon wieder auf der Suche nach einem geeigneten Nachtquartier. Hin und wieder fragen wir Leute, ob sie eine gute Stelle kennen. Zuletzt eine Gruppe, die in einem Pavillon vor ihrem Haus sitzt und uns einlädt, Teil des Films zu werden.

Sie sagen: „Klar kennen wir eine Stelle, wo man zelten kann: Hier bei uns im Garten." Das Angebot scheint ernst gemeint zu sein. Es gibt aber noch eine weitere Empfehlung. Ein paar Meter hinter dem Haus führt ein Weg direkt an den Fluss. Am Ende steht unser Zelt nicht im Garten dieser netten Menschen, aber dafür keine drei Meter von der Wasserlinie entfernt am Strand. Jeder bleibt somit in seinem selbst gewählten Programm und genießt es. Wir lieben den skandinavischen Sommer! Sonntagmorgen: Zelt auf, rein ins Wasser und dann am Sandstrand frühstücken.

Mit voll aufgetankten Kraft- und Motivationsreserven schaffen wir es zügig bis zum Ort Kongsvinger, obwohl die Strecke wieder nicht sehr abwechslungsreich ist. In einer schönen öffentlichen Grünanlage oberhalb des Flusses machen wir eine ausgiebige Mittagsrast. Der nächste Campingplatz ist noch 35 Kilometer entfernt. Eigentlich nicht viel, wenn da nicht der starke Verkehr und die ungewöhnliche Hitze wären.

Wieder einmal ist eine Kirche der perfekte Rastplatz. Und wieder einmal ist es

KONGSVINGER

- Kleinstadt mit knapp 18.000 Einwohnern

- liegt beidseits der Glåma, direkt an der 1862 eingeweihten Bahnstrecke von Oslo nach Stockholm

- Die Verteidigungsanlage *Kongsvinger Festning* wurde 1681 zur Verteidigung gegen Schweden gebaut und ist heute das Wahrzeichen der Stadt

- Das *Kvinnemuseet* (Frauenmuseum) zeigt die Geschichte der Frau von der Urzeit bis heute. Es wurde 1995 von Königin Sonja eingeweiht

- Finnskogen ist ein ausgedehntes Waldgebiet nordöstlich von Kongsvinger. In dieser Taiga-Wildnis, die sich bis nach Schweden erstreckt, gibt es neben Elchen und Bibern auch Bären. Es werden sowohl im Sommer als auch im Winter viele geführte Outdooraktivitäten in dieser Gegend angeboten

- Der *Finnskogleden*, ein 240 Kilometer langer Wanderweg, verbindet Kongsvinger mit Trysil. Er ist sehr gut für Mountainbikes geeignet und im Winter für Ski-, Schneeschuh- und Hundeschlittentouren. **Weitere Infos: www.finnskogleden.com**

Noah, der den Stopp bei der Kirche einfordert, während wir noch weiterfahren wollen. Im Vorraum der Backsteinkirche dann die Überraschung: Es werden Kekse und Getränke angeboten! Einfach so! Ohne Spendendose daneben. Ist unsere eigene Kirchengemeinde auch so gastfrei? Unter der Woche, wenn gerade kein Gottesdienst stattfindet? Wir nehmen das Angebot gern an und es hilft uns, die letzten Kilometer zu bewältigen. Wir wissen, dass es zu dem anvisierten Campingplatz keine andere Route gibt, als die letzten Kilometer auf der Fernstraße E16 zu absolvieren. Das kann viel bedeuten… Norwegen hat sich in den letzten Jahren für deutlich mehr Fahrradfreundlichkeit entschieden und tatsächlich in manchen Gegenden entlang der großen Straßen Radwege gebaut. Es gibt aber auch die Variante ohne Radweg und Mehrzweckstreifen – und genau das erwartet uns heute.

Die letzten Kilometer werden zu einer echten Herausforderung. Links die schnelle und vielbefahrene Straße, rechts die Leitplanke oder der Straßengraben, dazwischen wir, auf einem nur vielleicht 40 Zentimeter breiten Randstreifen. Wer in so einer Situation auf einem Fahrrad mit Gepäck (und Kind vorne drauf) mal von einem größeren Fahrzeug mit 80 Stundenkilometern überholt wurde, weiß, was das bedeutet.

Am Ende müssen wir in Konsvinger die große Straße auch noch überqueren, um auf das Gelände des Campingplatzes auf der anderen Seite zu gelangen. Eine Aktion, die mehrere Minuten Wartezeit erfordert! Die Verkehrsdichte gibt uns schon einen Vorgeschmack auf das, was uns hier erwartet: ein riesiger Parkplatz und ein überfülltes Schnellrestaurant, wie in den großen Skigebieten der Alpen. Entweder gibt es hier im Umkreis von 50 Kilometern anscheinend kein Essen zu kaufen oder das Restaurant ist wirklich sensationell gut. Wir können es nicht herausfinden, da Essengehen in Norwegen generell über unserem Budget liegt.

Ach ja, es gibt auch noch eine Camping-Rezeption im Gebäude des Restaurants und die Haupteinnahmequelle scheint – neben der Verpflegung der Besucher – das Vermieten von Hütten zu sein. Es gibt zahlreiche davon, und gezeltet wird hier wohl eher weniger, um nicht zu sagen, dass wir die einzigen Gäste mit Zelt sind. Die Errungenschaften der modernen Campingkultur sind hier bis fast auf die Spitze getrieben: Zugang zu den Waschräumen und Toiletten nur mit Codekarte, Benutzung der Küche nur mit Codekarte, Benutzung des Herdes nur mit Codekarte und Zuzahlung. Ohne es zu laut auszusprechen wissen wir genau: Lieber einige Tage ohne die Annehmlichkeiten eines Campingplatzes als so etwas. Als wollte das Wetter den „Charme" des Platzes noch unterstreichen, wartet es am nächsten Morgen mit richtig dickem Regen auf.

JÖRG: In einer Regenpause geraten wir in einen wilden Packeifer: Ich versuche mich um Kaffee zu kümmern, den wir allerdings wohl am letzten Lagerplatz vergessen haben … also gibt es heute Tee. Während Anja als „Innenzeltlogistikerin" unsere Schlafsäcke und Isomatten verpackt, fragt Noah: „Können wir nicht noch eine Nacht bleiben?" – Alles, nur das nicht! Dann merken wir, dass der Regen doch wieder einsetzt und stärker wird. Okay, was nun? Plan ändern? Erstmal ins Zelt retten, frühstücken und ein Vormittagsschläfchen einschieben.

Damit ist natürlich klar, dass wir die Mega-Etappe bis Oslo heute nicht schaffen werden. Die Frage, wo wir vor Oslo noch einmal übernachten können, ist auch nicht geklärt. Kein Campingplatz. Nur Absagen oder keine Rückmeldungen der Warmshowers-Gemeinschaft. Keine Hostels in der Nähe. Und die Gegend wird immer dichter besiedelt.

Als der Regen aufhört, wachen wir auf. Also los, unsere Chance! Wieder alles einpacken. Als nur noch das Zelt steht, fängt der Regen erneut an und wird rasch stärker. Uns fällt die Geschichte aus der Bibel ein, in der das Volk Israel nach der Wüstenwanderung in das ihnen versprochene Land Kanaan einmarschiert. Zuvor müssen sie aber noch den Jordan überqueren. Wie sollen sie da rüber kommen? Gott sagt zu ihnen, wenn die Priester mit den Füßen das Wasser des Jordan berühren, wird der Fluss aufhören zu fließen. Und tatsächlich passiert es so, und alle können trockenen Fußes durch das Flussbett laufen. Für uns ist es ein Sinnbild: Sie warten nicht, bis Gott den Fluss anhält, um dann bequem durchzulaufen. Nein, sie gehen los, im Vertrauen darauf, dass Gott das Wasser anhalten wird.

Auch wir stehen vor einer Entscheidung: Entweder eine weitere Nacht in der Hightechtristesse – oder bei strömendem Regen noch ein paar Kilometer an der E16 entlang, bevor wir abbiegen können.

Die Wahl fällt uns nicht schwer: Rein in die Regenklamotten, den Rest eingepackt und ab auf die Straße nach Fetsund – der nächsten größeren Stadt. *Fram!* (Vorwärts!), so nannte auch der norwegische Entdecker Fridtjof Nansen das Schiff, mit dem er 1893 in Richtung Nordpol reiste. Wir erheben es zu unserem heutigen Motto und stellen uns dem Regen. Tatsächlich werden wir nicht enttäuscht und der Regen hört bald auf. Wieder

einmal haben wir erlebt, dass sich auch größere Herausforderungen bewältigen lassen, wenn man die ersten Schritte wagt. Diesen Mut zum Anfangen möchten wir gern von der Reise mit in unseren Alltag nehmen.

Am Ende dieser Etappe finden wir tatsächlich kurz vor Fetsund noch einmal einen freien Stellplatz für die letzte Nacht vor Oslo.

VON FETSUND NACH OSLO

H eute soll es nach Oslo gehen – das sind von hier noch rund 55 Kilometer. In Fetsund verlassen wir das Glåma-Tal endgültig und fahren in Richtung Westen. Spätestens ab hier ist klar, dass wir das ländliche Norwegen verlassen. Wir fahren raus aus der Natur, lassen den langsam dahinfließenden Fluss hinter uns und tauchen ein in eine moderne und schnelle Welt.

Durchgestylte Wohnanlagen lösen die vereinzelnd stehenden Höfe ab. Mehrspurige Schnellstraßen ersetzen die kleinen Wege der letzten Tage. In den ersten Vororten von Oslo scheint sich das Leben zu verdichten und geschäftiger zu werden. Diese Hektik betrifft uns aber nicht, da wir im Beobachterstatus alles geschmeidig von außen an uns vorbeifließen lassen können.

Auch wenn das urbane Umfeld neben den vielbefahrenen Straßen ausreichend Radwege bietet, ist die Beschilderung doch ziemlich mäßig. Ein ums andere Mal müssen wir stehenbleiben und die Karte im Smartphone bemühen, um unseren Weg durch das Gewirr der Radwege zu finden. So erleben wir, dass der vermeintliche Weg des Wissens nicht immer leicht zu finden ist.

Je näher wir dem Zentrum der Hauptstadt kommen, desto verworrener ist das Straßengeflecht. Oslo ist ein wahrer Zuzug-Magnet und wächst von Jahr zu Jahr (siehe Infobox). Vororte wie Lillestrøm, die vor einigen Jahren noch von Feldern umgeben waren, wachsen mit dem Großraum Oslo zusammen. Teilweise gibt es regelrechte Fahrradautobahnen mit separater Streckenführung. Es ist schön, dass Fahrräder ihren festen Platz im Mobilitätskonzept haben. Wir fühlen uns willkommen und sind gern Teil dieser urbanen Mobilität.

Ein letzter Anstieg in irgendeinem Vorort, und weit unten vor uns liegt der Oslofjord. Schließlich geht es stetig bergab – Oslo liegt wie ein Trichter an den Berghängen eines Fjordes –, und wir rollen in Norwegens Hauptstadt ein. Für Jörg ist dieser Moment so beglückend, dass er sogar ein paar Tränen der Rührung und der Freude in den Augen hat.

Ja, wir sind angekommen: Die Strecke Trondheim – Oslo liegt hinter uns. Unsere Euphorie treibt uns zunächst zum neuen Opernhaus, das direkt am Meer liegt und das wir bisher nur auf Bildern gesehen haben. Voll ist es hier. Als wir auf den weißen Steinplatten stehenbleiben, die gleichzeitig Vorplatz und Dach der Oper sind, spüren wir die Hitze. Es ist sonnig und über 30 Grad warm – entgegen aller Klischees vom verregneten Nordland.

Dass man hier über riesige Schrägen aus besagten Steinplatten nach oben auf das Dach laufen kann, muss Noah natürlich gleich ausprobieren. Anja begleitet ihn dabei und sieht von oben, wie Jörg schon wieder in ein Gespräch verstrickt ist.

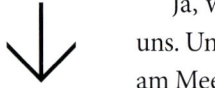

OSLO

- Die Hauptstadt Norwegens ist mit 681.000 (Stand 2019) Einwohnern nach Stockholm die zweitgrößte Stadt Skandinaviens. Im europäischen Einwohnervergleich aber nur die Nummer 54. Im Großraum Oslo (Oslo und Akershus) wohnen insgesamt 1,2 Millionen Einwohner, das ist ein Viertel aller Norweger

- In den letzten zehn Jahren hat die Einwohnerzahl um 18% zugenommen

- Der Name Oslo bedeutet Mündung (Os) des Flusses Lo. Der Fluss Lo heißt heute Alna

- Oslo arbeitet daran, den Autoverkehr komplett aus der Innenstadt zu verbannen

JÖRG: Während Anja und Noah das Dach des Opernhauses erklimmen, genieße ich diesen Moment ganz für mich allein, schaue auf den Fjord und sauge die Stimmung ein. Wir sind da! Haben wir nicht eben noch bei Trondheim das Nordmeer verlassen? Und jetzt stehen wir wieder am Meer. Touristengruppen schwirren um mich herum, machen Selfies von sich und der

Sehenswürdigkeit. Gibt es eigentlich auch das Wort „Fühlenswürdigkeit"? Dann wäre dieser Moment so etwas für mich. Das kann man natürlich nicht fotografieren, und das ist auch gut so. Es ist ein ganz besonderer und persönlicher Augenblick. Aber schon bald werde ich herausgerissen und auf das Pino angesprochen und bin schnell in nette Gespräche über unsere Reise verwickelt.

Okay, abgehakt. Es zieht uns weiter ins Zentrum, vor das Rathaus, das alte Wahrzeichen der Stadt.

„Was wird denn hier gefeiert?", bringt es Noah auf den Punkt.

Die Antwort ist schlicht: „Der Sommer!"

Ja, die Norweger feiern den Sommer und wir feiern gedanklich auch, und zwar unsere Etappe Trondheim – Oslo. Hier sprudeln das Leben und die Sommerfreude förmlich über. Musik hier und dort, aus- und einlaufende Ausflugsboote, flanierende Menschen, Eisdielen, volle Straßencafés.... Eben alles, was zu einem richtig guten Sommerabend dazugehört.

Zu beiden Seiten des „älteren" Zentrums sind in den letzten Jahren neue, sehr moderne Stadtviertel auf zum Teil künstlichen Inseln entstanden. Hier gibt es alles, was der moderne, gutverdienende Zivilisationsmensch braucht: schicke Appartementwohnungen, unterirdische Parkgaragen, Wasserkanäle und Anleger für die privaten Sportboote, Kultur, Einkaufsmöglichkeiten und Restaurants. Die oberste Maxime scheint hier „exklusives Styling" zu sein. Da passen wir mit unseren verschwitzten Fahrradklamotten natürlich super rein.

Mitten in einem Skulpturenpark im Herzen Oslos gibt es eine öffentliche Badestelle: ohne Eintritt, ohne Bademeister, mit viel Platz für alle und wahlweise dem Blick auf Oslos Skyline mit Rathaus und Skisprungschanze oder hinaus auf den Fjord. Auch hier gilt, was man für Gesamtnorwegen sagen kann: Das Wasser ist klar und sauber und lädt zum Reinspringen ein! Kein Wunder, dass uns der kurze Bummel vom Rathaus über das Viertel Akerbrygge bis an die äußerste Spitze Tjuvholmen reicht und wir uns nicht länger von einem erfrischenden Bad im Meer abhalten lassen.

Hier, wo früher im Hafen Waren umgeladen worden sind und Schiffe gebaut und repariert wurden, stehen jetzt die exklusivsten Häuser, die von diversen Stararchitekten entworfen wurden. Ebenso wie das Draußensein und die Natur gehört auch der Sinn für Design und moderne Architektur zu Norwegens Kultur. Viele innovative Bauwerke im ganzen Land sind aus Holz gebaut, und in Oslo entstehen gerade vielstöckige Hochhäuser aus

Holz. Die Stadt hat noch einige weitere schöne Ecken, die wir uns aber für den nächsten Tag aufheben. Da wir schon öfter hier waren und Jörg in seiner Studentenzeit ein paar Wochen in Oslo gewohnt hat, fühlt sich alles sehr vertraut an. Trotz der Größe der Stadt ist das Zentrum sehr überschaubar und geprägt von Wasser und vielen Parks.

Wenn wir geahnt hätten, wozu unsere nächste Entscheidung führen sollte, hätten wir sicherlich noch ausgiebiger im Meer gebadet.

In Oslo gibt es zwei Campingplätze, die wir beide auf früheren Norwegenreisen schon besucht haben. Beide liegen etwas außerhalb des Zentrums und damit natürlich auch wieder bergauf. Unser Favorit ist der Bogstad-Campingplatz. Er besticht – trotz seiner Größe – durch viel Grün und verschiedene Bereiche für Zelte. Den anderen – Ekeberg-Camping – haben wir als recht öde abgespeichert. Statt noch einmal genau zu recherchieren, was die Entfernung anbelangt, entscheiden wir uns daher nach kurzer Diskussion für den Bogstad-Camping am nördlichen Stadtrand. Es ist zwar schon recht spät, als wir uns auf die Räder schwingen, aber immer noch viel zu warm.

Was uns dann aber erwartet, sind noch einmal zehn weitere Kilometer und natürlich stetig bergauf. Eine echte Herausforderung! Völlig erschlagen und ausgelaugt kommen wir gegen 22 Uhr dort an. Jetzt nur noch schnell das Zelt aufgebaut, bettfertig gemacht, einen letzten Happen eingeworfen und ab in den Schlafsack!

War es das schon? Sind wir wirklich schon an unserem Ziel angekommen? Ja und nein. Wir hatten Oslo als ein mögliches äußeres Ziel definiert. Und da sind wir ja jetzt. Es fühlt sich gut an, das erreicht zu haben, und es stürzt uns glücklicherweise auch nicht in eine Wir-haben-das-Ziel-erreicht-Depression. Es steckt noch jede Menge Entdeckergeist in uns.

Oslo war für uns so eine Art „Minimalziel", weil sich von hier viele Möglichkeiten bieten weiterzureisen beziehungsweise sich abholen zu lassen. Die Reise an sich haben wir aber nicht an Punkten auf der Landkarte festgemacht. Wir merken, dass wir unser inneres Reiseziel noch nicht erreicht haben und es uns noch etwas weitertreibt. Vom Rad abzusteigen und wieder nach Hause zu fahren, das ist für uns noch ganz weit weg. Um ehrlich zu sein können wir uns das momentan überhaupt nicht vorstellen. Mit dem, was wir gerade haben, sind wir einfach zufrieden. Wir vermissen nichts – keine geschlossenen Räume, keine bequemen Betten oder unsere komfortable Küche. Das alles scheint von Tag zu Tag weiter von uns weg gerückt zu sein. Aber wir sind weiterhin neugierig auf das, was noch vor uns liegt. Vielleicht ein anderes Land oder eine andere Gegend. Und der Gedanke, jetzt einfach so weiter zu tingeln, ist gar nicht so abwegig.

In diesen Gedanken versunken können wir verstehen, dass es Leute gibt, die mehrere Jahre unterwegs sind und nie den Wunsch haben, irgendwo anzukommen. Das Unterwegssein ist aus der Sicht des Reisenden eine Möglichkeit, im Moment zu leben und diesen immer weiter zu verlängern. Aus der Sicht der immer brav daheim Gebliebenen ist es die Flucht vor den Aufgaben des Lebens. Auch wir haben gemerkt, dass unsere Auszeit ab irgendeinem Zeitpunkt von einem Urlaub zu einem Lebensgefühl des Unterwegsseins wurde. Und wir sind begeistert, dass das in so kurzer Zeit möglich ist – was sind schon drei Monate im Vergleich zum ganzen Leben?

Wie wäre es, jetzt bei unseren Arbeitgebern anzurufen und zu sagen, dass sie unsere Stellen anderweitig vergeben können? Auch wenn es erstmal nur ein Gedankenspiel ist, ist auch viel ernsthaftes Fragen dabei. Für den Moment haben wir uns jedenfalls längst entschieden, weiterzureisen. Etwas Zeit haben wir ja noch. Wir wollen die Fähre nach Dänemark nehmen und dann weiter südwärts fahren.

Am nächsten Morgen kommt Noah vom Spielplatz und berichtet ganz erstaunt: „Da sind sogar Kinder, die Deutsch sprechen." Mittlerweile sind in Deutschland in den meisten Bundesländern Ferien, und spätestens auf diesem Campingplatz – es ist der größte in Norwegen – muss jedem klar sein, dass er nicht der Einzige ist, der dieses Jahr die Idee hatte, nach Norwegen zu reisen.

Während wir unsere Sachen zusammenpacken, kommt ein älterer Mann freudestrahlend auf uns zu und spricht uns an. Wir können ihn erst nicht einordnen, bis er sagt, dass er doch in Elverum mit seinem Zelt direkt neben uns stand.

„War es etwa ein blaues Tunnelzelt?", fragen wir. Die Frage, ob er es mit nur zwei Heringen aufgestellt hatte, verkneifen wir uns. Wir sprechen über unsere Reisen und über einiges mehr. Am Ende lädt er uns zu sich nach Hause in Trondheim ein. Wir könnten dort im Winter auch Skifahren. So ein nettes Gespräch hätten wir vor ein paar Tagen in Elverum gar nicht erwartet. Jetzt freuen wir uns über diesen überraschenden Kontakt.

Wir gönnen uns einen weiteren Tag in Oslo – ein Ticket für die Nacht-fähre nach Frederikshavn in Dänemark haben wir schon gekauft. Einen kurzen Moment haben wir überlegt, ob wir nicht die Fähre nach Kopenhagen nehmen sollten, die nur unwesentlich teurer gewesen wäre. Aber wir wollen uns nicht mit einer weiteren Großstadt überfordern.

Heute wollen wir uns ganz gemütlich durch die Stadt treiben lassen. Vom Bogstad-Camping rollen wir ganz geschmeidig in Richtung Zentrum. Den einzigen Aufwand, den wir betreiben müssen, ist ab und an zu bremsen, ansonsten geht es wirklich nur bergab.

Unser erster großer Stopp ist der Vigelandspark. In diesem Park gibt es mehrere hundert überlebensgroße Figuren aus Granit, die Menschen in verschiedenen Lebenssituationen darstellen (siehe Infobox). Besonders faszinieren uns jedes Mal die Figuren, die rund um eine große Säule gruppiert sind. Auf den Hauptwegen sind viele Touristengruppen unterwegs. Etwas abseits finden wir dennoch ein schönes Plätzchen zum Verweilen.

Danach mäandern wir einfach durch die unterschiedlichen Viertel und landen schließlich wieder an der Badestelle auf Tjuvholmen – ein Wunsch von Noah, dem wir angesichts der Hitze gern nachkommen. Danach besuchen wir noch ein paar Sportgeschäfte und finden tatsächlich eines, in dem wir ein Ersatzgestänge für das Zelt erwerben können. Dabei müssen wir einmal die „Touristen-Meile" *Karl Johans Gate* queren. Oslo ist sehr schön, aber den unteren Teil diese Straße braucht – aus unserer Sicht – kein Mensch. Es ist eine dieser Straßen, die mit den immer gleichen Einkaufsketten und viel zu hohen Preisen jeder anderen in diversen europäischen Hauptstädten gleicht. Das einzig Erwähnenswerte ist, dass sie eine Sichtachse zum Schloss bietet. Bemerkenswert ist, dass die norwegischen Verkehrsplaner es geschafft haben, den PKW-Verkehr aus vielen zentralen Teilen der Stadt herauszuhalten. Dies gelang nicht zuletzt durch mehrere Tunnel unter dem Stadtgebiet.

Abends ist dann die Zeit zum Abschiednehmen gekommen: Die Fähre läuft in den Hafen ein und wir verschwinden mit unseren Rädern in ihrem Bauch. Mit dem Abschied von Oslo und von Norwegen kommen wir in eine andere Phase unserer Reise. Der Abschied fällt uns richtig schwer. Wochenlang haben wir uns auf die Zeit in Norwegen gefreut, und jetzt ist sie schon wieder Vergangenheit.

Wir sitzen noch lange an Deck und sehen, wie die Skyline von Oslo immer kleiner wird. Später auf dem Oslofjord sehen wir, wie rings um uns herum Gewitterschauer heruntergehen. Nur da, wo wir uns gerade befinden, spannt sich der Himmel mehr oder weniger wolkenfrei auf. Es ist für uns wie ein Bild für die letzten Wochen, in denen wir auch das Gefühl hatten, dass es jemand richtig gut mit uns meint und (fast) immer einen blauen Himmel über uns „freigehalten" hat. Viele Eindrücke der letzten Wochen ziehen noch einmal an uns vorüber, viele Momente, in denen wir uns wirklich gesegnet fühlten, wo wir das Gefühl hatten, dass jemand da war, der auf uns aufgepasst hat und uns viel Gutes hat zukommen lassen. Wir sind Gott unendlich dankbar für diese gemeinsame Auszeit, die in unserer Erfahrungsschatzkammer einen besonderen Platz bekommen wird.

Mit diesen guten Gedanken gehen wir irgendwann in unsere Kajüte. Die erste Nacht in einem geschlossenen Raum seit Wochen erwartet uns, und dann gleich in einer Innenkabine ohne Fenster. Es fühlt sich beengt und beklemmend an, aber wir schaffen es.

SEHENSWERTES IN UND UM OSLO
(EINE KLEINE PERSÖNLICHE AUSWAHL):

– Rathaus: Der Backsteinkomplex von 1950 gefällt nicht jedem, er ist mit seinen 60 Meter hohen Türmen aber zu Recht eines der Wahrzeichen von Oslo und ist bis weit in den Fjord sichtbar. Hier wird jährlich der Friedensnobelpreis verliehen.

– Opernhaus: Das neue Wahrzeichen steht direkt am Hafenbecken und ragt in Form eines schwimmenden Eisbergs aus Glas und Carrara-Marmor aus dem Wasser. Das rund 520 Millionen Euro teure Kulturprojekt Norwegens wurde 2008 eröffnet – fünf Monate vor dem geplanten Termin. Das begehbare Dach reicht bis ins Wasser.

– Schloss und Schlosspark: Das königliche Schloss, Baujahr 1848, liegt am Ende der Haupteinkaufsstraße *Karl Johans gate* und ist offizieller Wohnsitz des norwegischen Königs. Es kann im Sommer im Rahmen von Führungen besichtigt werden. Der Wachwechsel findet immer um 13:30 Uhr vor dem Schloss statt. Der Schlosspark ist frei zugänglich.

– Halbinsel Bygdøy: Auf dieser „Museumsinsel" befinden sich zahlreiche Museen. Uns hat es gefallen, im Fram-Museum in die Zeit der norwegischen Polarforscher Fridtjof Nansen und Roald Amundsen einzutauchen. Das 1892 erbaute Schiff „Fram" ist dort als begehbares Hauptexponat ausgestellt. Weiterhin befinden sich auf der Halbinsel, die einfach per Linienschiff vom Anleger vor dem Rathaus erreichbar ist, noch das Kon-Tiki-Museum, das Norwegische Maritime Museum, das Wikingerschiffmuseum und das Norwegische Volkskundemuseum.

– Vigeland-Anlage (im Frogner Park): Dieser westlich vom Stadtzentrum gelegene, monumentale Skulpturenpark gilt als das Lebenswerk Gustav Vigelands (1869–1943). Rund 150 Skulpturen mit etwa 650 realistischen menschlichen Figuren aus Granit und Bronze zeigen den Kreislauf des Lebens. Die größte Skulptur ist ein 17 Meter hoher Monolith aus 121 Figuren. Der gesamte frei zugängliche Park lädt zum Spazieren, Pausieren und Spielen ein.

- Akershus und Aker Brygge: Im Hafen gegenüber vom Rathaus befindet sich auf der einen Seite die Festung Akershus (freier Eintritt), deren Wallanlagen einen guten Überblick über den Hafen bieten. Auf der anderen Seite liegt das ehemalige Werftgelände Aker Brygge, das bereits seit 1986 zu einem Einkaufs-, Restaurant- und Ausgehviertel entwickelt wurde.

- Tjuvholmen: Eines der neuesten Viertel in Oslo liegt auf der kleinen Insel Tjuvholmen (Diebesinsel) an der Spitze von Aker Brygge. Es ist über Brücken zugänglich. Neben 1.200 exklusiven Wohnungen inmitten moderner Architektur gibt es hier das Astrup Fearnley-Museum für moderne Kunst. Der angrenzende Skulpturenpark ist gleichzeitig eine öffentliche Badestelle am Meer.

- Holmenkollen und Oslomarka: Der Holmenkollen ist ein 371 Meter hoher Berg im Norden Oslos. An dessen Hang liegt der Holmenkollenbakken, der als älteste Skisprungschanze der Welt gilt. 1892 wurden hier die ersten Wettkämpfe ausgetragen: Der Sieger sprang vor 20.000 Zuschauern 22,5 Meter weit. Nachdem die Schanze insgesamt 14-mal umgebaut wurde, liegt der Rekord jetzt bei 144 Metern. Von der Skischanze aus hat man einen großartigen Blick über die Stadt und den Fjord. Direkt an der Schanze liegt das Skimuseum und nördlich davon beginnt die Oslomarka, ein Waldgebiet, das fast die ganze Stadt umgibt. In der Oslomarka gibt es zahlreiche gut beschilderte Loipen, Wander- und Radwege und auch einige Seen. Besonders „badenswert" fanden wir den Sognsvann, der mit der öffentlichen T-Bane Nr. 5 (=Straßenbahn) leicht vom Zentrum aus zu erreichen ist.

- Es gibt natürlich noch viel mehr in Oslo zu sehen: Informationen unter www.visitoslo.com/de oder in der Oslo-App.

TEIL
DREI

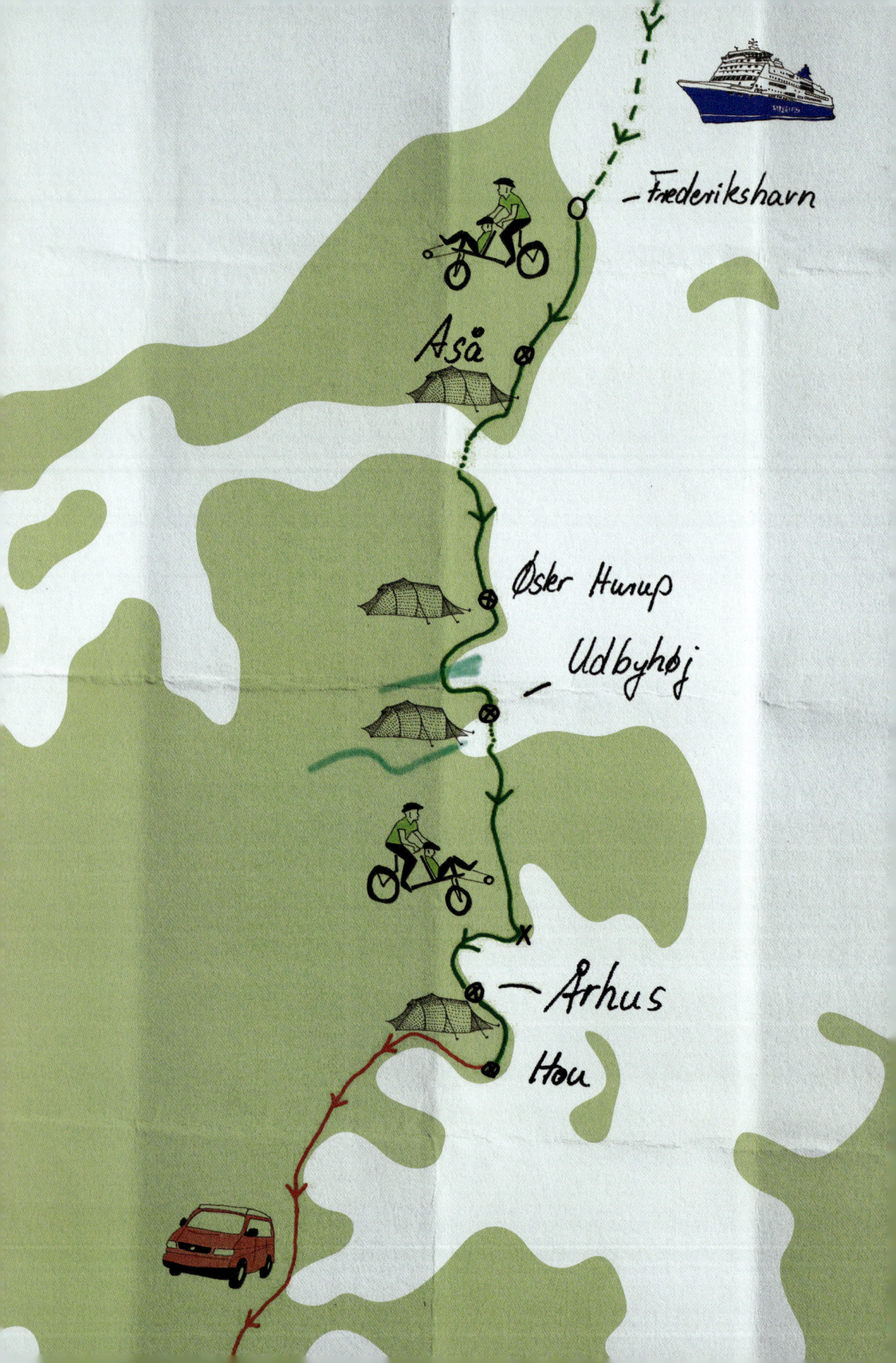

Frederikshavn

Åså

Øster Hunup

Udbyhøj

Århus

Hou

VON OSLO NACH UDBYHØY (DÄNEMARK)

Nach einer kurzen Nacht verlassen wir das Schiff – und betreten Neuland. Nicht, dass wir noch nie in Dänemark gewesen wären, aber wir beginnen gerade einen neuen Reiseabschnitt. Dass dieser Abschnitt „Ankommen" heißt, ist uns erstmal nicht bewusst. Zu neugierig sind wir darauf, hier mit dem Rad unterwegs zu sein, auch wenn wir an die Landschaft keine allzu großen Erwartungen haben. Große und lange Steigungen werden wir hier nicht finden – dafür aber viele kleine. Wer glaubt, dass Dänemark flach ist, der irrt sich. Auch hier gibt es, dank der letzten Eiszeit, viele Wellen und Hügel.

Trotzdem ist man hier auf Fahrradfahrer bestens eingestellt: Gleich am Eingang von Frederikshavn begrüßen uns gute Fahrradwegweiser und helfen uns, den richtigen Weg zu finden.

Der Ort ist gerade erst am Aufwachen – so wie wir. Eigentlich möchten wir hier ein gemütliches Frühstück zu uns nehmen. Schon stellen wir fest, dass die Dänen kein Norwegisch sprechen und wir alle Mühe haben, sie zu verstehen. Norwegisch und Dänisch sind sich in der Schriftsprache sehr ähnlich, liegen aber in Aussprache und Betonung recht weit auseinander. Damit haben wir gleich mehrere Probleme: kein Geld in der passenden Währung, keine Ahnung, wo ein Bankautomat oder alternativ ein bereits geöffnetes Café sein könnte, in dem wir mit Karte zahlen könnten. Die Lösung bietet dann ein Supermarkt und die angrenzende Grünanlage, die mit ihren Sitzgelegenheiten unser privates Frühstückscafé wird.

JÖRG: Ich merke, dass ich mich innerlich gut auf die Weiterfahrt in Dänemark einlassen kann und mich auf die Andersartigkeit des Landes freue. Der Kontrast zu Norwegen kann eigentlich gar nicht stärker sein. Andere Gerüche schon beim Verlassen der Fähre, eine andere Landschaft, ein anderes Meer, andere Menschen, andere Häuser. Aber im Detail hat es auch seinen Reiz.

Dann geht es los – bis wir schon kurze Zeit später das dringende Bedürfnis nach einem kühlen Bad verspüren. Der Strand ist einladend, das Wasser noch viel mehr. Natürlich finden wir auch hier jede Menge „Strandgut". Leider können wir die vielen Muscheln nicht mit nach Hause nehmen. Vielleicht ist das überhaupt die größte und härteste Prüfung der ganzen Reise: keine Steine, Schneckenhäuser, Muscheln, Stöcke und ähnliche Beute aus der freien Natur für unseren Garten und unsere Terrasse mitnehmen zu können. Normalerweise sind wir alle drei große Sammler.

Auf dieser Reise vergnügen wir uns dafür häufig mit der sogenannten „Landart"-Naturkunst: Wir arrangieren teilweise stundenlang Naturmaterialien zu Mustern und Formen oder bauen Steintürme und -bögen. Noah möchte bei diesen Aktionen am liebsten gar nicht mehr aufhören. Vielleicht erfreut sich ja

LANDART

– Landart ist Kunst, die in und mit der Natur und Landschaft entsteht

– Der Künstler arrangiert in der Natur verfügbare Materialien zu einem Kunstwerk; das können Bilder aus Blüten, Türme und Spiralen aus Steinen, Arrangements aus Blättern usw. sein

– Die entstandenen Kunstwerke verbleiben an Ort und Stelle und werden sich selbst überlassen, und sie gehören auch niemandem

– Die wohl bekannteste Form sind Sandburgen, die mit Muscheln verziert werden

– Landart hat sich als eigene Kunstform in den 1960er-Jahren entwickelt. Ursprünglich als Avantgardekunst in Amerika entstanden, ging es nicht um ökologische Aspekte, sondern lediglich um das Gestalten von Naturräumen, zum Teil sogar mit Baggern. Als Naturkunst in Europa trat in den 1970er-Jahren mehr und mehr der natur-bewahrende Aspekt in den Vordergrund und die Kunstwerke wurden feinfühliger in die Umwelt integriert

– Heute geht es bei Landart meist weniger um Perfektion als um das Beschäftigen mit Naturmaterialien und das Erkennen von Details

jemand an den Gebilden, wenn er sie sieht. Diese Kunst ist ähnlich wie Musik oder Theater: Sie entsteht im Augenblick des Schaffens und wird dann wieder der Vergänglichkeit überlassen. Die Fotos, die wir machen, erhalten uns aber die Erinnerung an diese schönen Momente und erleichtern uns das Liegenlassen der Naturmaterialien.

Als wir erfrischt zu unseren Rädern zurückkehren, spricht uns ein älterer Herr mit einem Elektrogefährt an. Er erzählt, dass er früher auch viel Rad gefahren sei. Nun habe er hier in der Gegend seinen Altersruhesitz, weil es einfach die beste Gegend zum Leben sei. Der Weg am Strand entlang erlaube es ihm, mit seinem Gefährt in den nächsten Ort zu fahren und dort seine Freunde zu treffen. Der Mann ist sehr interessiert an unserem Pino und stellt viele Fragen. Was uns wirklich beeindruckt: Er ist so lebensfroh, lacht viel und strahlt uns an und das, obwohl er auch erzählt, dass seine Frau vor drei Jahren gestorben ist.

Wow! So wach und lebendig möchten wir auch im Alter sein, selbst wenn der Körper nur noch eingeschränkt beweglich ist. Als wir ebenfalls auf dem beschriebenen Weg weiterradeln, sehen wir gleich eines der Zeichen für Dänemarks Fahrradfahrerfreundlichkeit: Überall finden sich kostenlose Übernachtungsstellen mit einfachen Sanitäranlagen für Radfahrer und Bootswanderer. Manchmal sind es einfach Wiesen, manchmal mit kleinen Schutzhütten ausgestattet. Auch gibt es fast überall gut beschilderte Radwege.

Doch trotz des Komforts fehlt etwas – zumindest für Anja: die Variationen der Landschaft, wie wir sie aus Norwegen kennen. Die Landschaft bietet stets den gleichen Anblick: sanfte Hügel, riesige Felder, vereinzelte Gehöfte und kleine Ortschaften. Ab und zu gibt es auch kleinere Waldgebiete, die jedoch nicht wirklich für Abwechslung sorgen.

In einem kleinen Fischerdorf gönnen wir uns – das erste Mal seit vielen Wochen – den Besuch in einem kleinen Fischrestaurant. Essen gehen ist in Dänemark weitaus günstiger als in Norwegen. Und einmal nicht zu kochen hat auch etwas.

Wir merken, dass dieser Reiseabschnitt schon die deutliche Auseinandersetzung mit dem Zurückkommen birgt. Während die Logistik des Reisens nicht mehr so viel Aufmerksamkeit fordert, gleiten die Gedanken immer mehr zum „danach": Was bringen wir von dieser Reise mit? Was können wir in den Alltag integrieren? Wie lange werden die Erlebnisse uns tragen? Wird Noah nach der langen Freiheit und dem intensiven Naturerlebnis nicht das Leben als Schulkind doppelt schwerfallen?

ANJA: Bei mir fühlt es sich eher nach „Abschiedskrise" als nach „Ankommen" an. Trotz der menschenleeren Strände, des klaren Meerwassers, des guten Radwegenetzes und der hübschen Ortschaften sinkt mein Motivationspegel umgekehrt proportional zu den steigenden Temperaturen. Ich habe einfach Heimweh – aber nicht nach Deutschland, nein, nach Norwegen!

An diesem Abend landen wir auf einem Campingplatz, der nicht direkt am Meer liegt. Dort hängen wir zunächst noch etwas unserem Norwegen-Blues nach. Es dauert aber nicht lange, da treffen wir auf der riesigen Zeltwiese eine norwegische Familie: Jon und Marie mit ihren Kindern Axel, Emily und Hugo. Schnell ist ein Kontakt geknüpft. Wir staunen über den Sprachenwirrwarr aus Norwegisch, Französisch und Englisch, der in dieser Familie gesprochen wird, und erfahren, dass Marie halb französischer und halb kanadischer Herkunft ist. Noah kommt mit der Jeder-spricht-seine-Sprache-Methode schnell mit den Kindern zurecht.

Die vier toben über den Platz, und wir genießen noch einen weiteren Abend mit norwegischer Konversation. Das Gespräch ist sehr angeregt und die Themen breit: unterschiedliche Kulturen, Kindererziehung, Gesundheitssysteme … Schade, dass wir uns am nächsten Tag schon wieder trennen werden. Jon und Marie wollen ins Landesinnere abbiegen, weil sich dort ein Naturschutzgebiet befindet, während wir für unseren nächsten Ruhetag gern einen schönen Platz am Meer finden möchten.

Wir wägen ab: ziehen wir das mit dem Ruhetag durch oder teilen wir doch noch mit den Norwegern ein Stück des Weges? Wir entscheiden uns für Ersteres. Der Rhythmus der Woche mit einem Ruhetag hat für uns etwas Göttliches. Dass die Woche sieben Tage hat, ist etwas, das auf die biblische Schöpfungsgeschichte zurückzuführen ist, und der Ruhetag – der *Schabbat* – ein Geschenk an uns Menschen. Er hat uns in unserem Leben schon viel Gutes gebracht. Wir sind gespannt, ob es dieses Mal auch so ist, auch wenn es leider den Abschied von unseren neuen Freunden bedeutet.

Am nächsten Morgen fällt uns und besonders Noah das Lebewohlsagen schwer. Für ihn war es schön, mal wieder unter anderen Kindern zu sein.

Hätten wir doch anders entscheiden sollen? Trotz der Zweifel freuen wir uns auf den neuen Tag und besuchen wieder einmal eine schöne Kirche am Wegesrand.

Insgesamt wird das Radeln von der fast unerträglichen Hitze bestimmt. Selbst der sonst so typische kühle dänische Wind bleibt aus. Wann immer möglich besuchen wir unterschiedliche Strände, um uns im Meer zu erfrischen. Die Campingplatzdichte ist in diesem Teil Dänemarks wesentlich höher als in Norwegen, und so haben wir die Wahl, was unseren Feiertagsrastplatz angeht. Für zwei Nächte wollen wir nicht den erstbesten Platz nehmen, sondern einen, der uns auch wirklich gefällt. Das Zelten in der freien Natur hat seine eindeutigen Reize, Campingplätze bieten dafür im besten Fall Möglichkeiten zur Begegnung, die für uns ja auch ein großer Grund des Reisens sind.

Wir erreichen einen sehr großen Platz, der mit seinen familienfreundlichen Angeboten natürlich nicht in die Low-Budget-Kategorie fällt. Zu unserem Erstaunen ist aber der Preis verhandelbar und im Endeffekt annehmbar. Obwohl es auf der Zeltwiese kleine Parzellen für Reisende mit Zelt wie uns gibt, bekommen wir zum gleichen Preis einen der sehr großen Stellplätze für Hauszelte zugewiesen. 100 Quadratmeter, die wir nicht mal ausfüllen können, wenn wir unser gesamtes Equipment komplett ausbreiten. Wie kommt das jetzt? Egal. Danke!

So bauen wir unsere lila Helsport-Villa neben einem roten Hilleberg-„Apartment" auf (eine Erklärung für die Nicht-Equipment-Fetischisten unter uns: Hilleberg ist ein schwedischer Zelthersteller der Extraklasse). Das Schöne unserer großen Parzelle ist, dass wir nicht in einer Wohnmobil-Schlucht stehen müssen.

Kurze Zeit später lernen wir Carsten kennen, den Bewohner dieses Nachbarzeltes. „Kommt ihr zufällig aus Bielefeld oder so?", fragt er.

„Nein, aber aus Gütersloh – Jörg zumindest."

Er ist Bielefelder, wohnt jetzt in München und radelt gerade allein durch Schweden und Dänemark. Später fällt uns auf, dass sich unter seinen privaten Dingen, die im Zelteingang liegen, auch eine Bibel befindet. Schnell kommen wir mit Carsten auch darüber ins Gespräch und verlassen den Smalltalk-Status.

Jetzt wissen wir, warum wir genau diesen Platz zugewiesen bekommen haben. Schon etwas mehr Abstand hätte sicher ein Kennenlernen verhindert. Das wäre sehr schade gewesen.

Carsten ist vier Wochen solo unterwegs und radelt durch Schweden und Dänemark. Eine starke Erfahrung, wie er sagt. Mehrere Wochen allein zu sein und auch die Nächte nur mit sich selbst in der freien Natur zu verbringen, hat seine ganz eigenen mentalen Herausforderungen, von denen Carsten uns erzählt. Selbst wir als Familie kennen die Ängste und Gedanken, die man sich manchmal im Zelt macht, wenn um einen herum nächtliche Geräusche herrschen. Allein ist das aber noch mal etwas anderes. Wir sind ja nie wirklich für uns und erst recht nicht einsam, wir haben ja in unserer kleinen Reisegesellschaft immer jemanden, mit dem wir uns beraten können, mit dem wir Erlebtes teilen können. Wir können uns gegenseitig motivieren, wenn es mal nicht so läuft.

Carsten genießt unser Zusammentreffen. Wir reden über das Reisen, über gute Ausrüstung, über das Leben und unseren Glauben. Wieder einmal haben wir das Gefühl, dass anscheinend „von oben" Netze geknüpft werden, damit sich bestimmte Personen kennenlernen.

Am nächsten Tag breiten wir unser Frühstück auf den gemeinsamen 200 Quadratmetern aus und teilen Essen und Geschichten. Das Frühstück zieht sich mit mehreren Kaffee-Koch-Runden bis zum Mittag. Dann muss Carsten weiter – warum eigentlich? Wir verabschieden uns mit einem gemeinsamen Gebet und guten Wünschen. Das innere Getrieben-Sein und Weiter-Müssen kennen wir auch. Dieses Gefühl liegt bei uns aber schon einige Wochen zurück. Jetzt, beim „Landeanflug" unserer Reise, haben wir alle Zeit der Welt, lassen uns durch den Tag treiben, spielen am Strand, flanieren durch den Hafenort Øster Hurup, kochen uns etwas Leckeres und denken noch oft an die schöne Begegnung mit Carsten zurück.

Nach einer weiteren Nacht packen auch wir unsere Sachen und sind schon bald wieder auf der nationalen Fahrradroute 5, die sogenannte Ostseeküsten-Route, die wir für den Ruhetag und den Abstecher zum Meer verlassen haben. Der ausgeschilderte Radweg verläuft an dieser Stelle auf einer stillgelegten und asphaltierten Bahntrasse durch die Felder. Ein sehr angenehmes und kurzweiliges Stückchen Weg, weitab vom motorisierten Verkehr.

Rechts und links des Weges säumen nicht nur verschiedene Hecken und Sträucher den Weg, die vielen Insekten Unterschlupf und Nahrung bieten, sondern auch diverse Obstbäume. Wir naschen an den ersten reifen Sauerkirschen und Renekloden – die Äpfel und Birnen sind leider noch nicht ganz reif.

FAHRRADROUTEN IN DÄNEMARK

- Dänemark ist neben Holland unserer Meinung nach das für Fahrradfahrer am besten erschlossene europäische Land

- Es gibt 11 nationale Fahrradrouten mit insgesamt 3.500 Kilometern Länge innerhalb Dänemarks. Neben den nationalen Routen gibt es viele weitere beschilderte Radwege – insgesamt über 12.000 Kilometer. Wir sind in Dänemark meistens der Route 5 gefolgt, die entlang der gesamten Ostküste von Jütland führt

- Vier der nationalen dänischen Routen sind Teil internationaler Fernradwege:
  Route 1: Die Nordseeküstenroute führt als „EuroVelo EV 12" über 5.942 Kilometer durch Großbritannien, die Niederlande, Deutschland, Dänemark, Schweden und Norwegen rund um die Nordsee. Der dänische Teil startet in Rudbøl und endet nach 560 Kilometern in Skagen
  Route 3: Der Heerweg führt von Hamburg über Padborg bis nach Frederikshavn
  Route 8: Der Ostseeradweg führt über etwa 8.000 Kilometer durch neun Länder rund um die Ostsee. Der dänische Teil führt über einige Inseln und ist bereits 900 Kilometer lang
  Route 9: Berlin-Kopenhagen mit insgesamt 630 Kilometern Länge

- Die Beschilderung der nationalen Routen ist meistens sehr gut

- 80 % der Strecken sind asphaltiert

- Die meisten dänischen Städte sind sehr fahrradfreundlich und bieten Radlern eine gute Infrastruktur

- Wetterfeste Fahrradkarten im Maßstab 1:100.000 gibt es für das gesamte Dänemark

- Weitere Informationen und eine Übersicht über alle 11 Routen findet man unter:
  www.visitdenmark.de/radfahren

Im Rückblick wird uns klar, dass wir mit dem Frühling (und der Apfelblüte) nordwärts gereist sind. Als wir in Schweden und Finnland waren, wurde das Getreide teilweise gerade eingesät. Jetzt fahren wir hier in Dänemark der Erntezeit entgegen und radeln durch teilweise erschreckend große Felder ohne Feldraine und Windschutzhecken. Letztere waren früher typisch für die dänische Landwirtschaft und wurden hier vermutlich in den letzten Jahren aufgegeben, um Platz für eine „effektivere" Feldbearbeitung zu schaffen. Schade eigentlich für Bienen und andere Insekten. Ein paar Honigbienen gibt es aber anscheinend noch, da wir regionalen Honig bei einem Imker kaufen können.

Wir freuen uns immer, wenn wir die Riesenfelder hinter uns lassen und durch die wenigen kleinteiligen und schattigen Abschnitte mit kleinen Wäldern oder Parks fahren können. Das sorgt nicht nur für Abwechslung, sondern auch für Abkühlung. Für die tägliche Ernährung kaufen wir jeden Tag eine Wassermelone, aber auch hier und da mal eine Schale Kirschen von einem der vielen Hofverkaufsständen direkt an der Straße.

Wir fahren in unsere eigenen Gedanken versunken durch ein Wäldchen, als uns eine Gruppe Radfahrer mit Gepäck entgegenkommt. Beim Näherkommen sehen wir: Es sind Marie, Jon und ihre Kinder, von denen wir uns vorgestern verabschiedet haben! Was für eine freudige Überraschung auf beiden Seiten! Wie kann das sein? Durch unseren Ruhetag haben sie doch mindestens einen ganzen Tag „Vorsprung".

Sie erzählen uns, dass sie im Landesinneren durch den Wegbelag aus grobem Kies (nicht Schotter!) wesentlich langsamer vorangekommen sind als geplant. Jetzt kommen sie uns entgegen, da sie die Abzweigung zu einem Schloss verpasst haben und noch einmal umdrehen mussten. Zufall? Mit der Entscheidung, unseren Ruhetag zu nehmen, haben wir nicht nur Carsten kennengelernt, sondern trotzdem die Familie von Marie und Jon nicht aus den Augen verloren.

Ihr Plan: Sightseeing und Mittagspause beim Schloss. Da sind wir dabei! Leider stellt sich bei Ankunft am Schloss heraus, dass der wunderbar weitläufige Schlossgarten nicht mal für ein klitzekleines Mittagspicknick für unsere Familien zugänglich ist. Der zuständige Herr – welchen Posten er auch immer bekleidet – verwehrt uns resolut den Zutritt. Hugo, den Jüngsten veranlasst das zu der schlichten Feststellung, dass der „König" wohl schlechte Laune habe. Ob wir dem Rasen Schaden zugefügt hätten, wenn wir uns tatsächlich draufgesetzt hätten?

Nun gut, so essen wir eben vor dem Schloss auf einer kleinen Mauer, bevor wir gemeinsam zum Campingplatz an der Fähre über den Randersfjord aufbrechen. Das schenkt uns Erwachsenen und den Kindern einen weiteren gemeinsamen Abend. Ein perfekter Abend – nicht nur für Marie, die sich als Französin über den Sieg ihrer Nationalmannschaft bei der Fußball-Weltmeisterschaft freut.

In diesem Moment merken wir, dass wir in den letzten zehn Wochen ganz weit weg von den Nachrichten, dem Weltgeschehen und den Sportergebnissen waren. Nur am Rande haben wir mitbekommen, dass überhaupt gerade eine Fußball-WM läuft. Zum einen sind wir keine Fußballfans, zum anderen haben wir uns aber während unserer Reise auch nicht um die aktuellen Nachrichten gekümmert. Damit müssen wir uns vielleicht den Vorwurf gefallen lassen, in einer Blase gelebt zu haben. Aber warum auch nicht? Dass wir nicht alles mitbekommen haben, hat uns zumindest nicht unglücklicher gemacht. Das soll keine Empfehlung sein, sich der politischen und gesellschaftlichen Verantwortung zu entziehen, aber es muss doch auch erlaubt sein, sich für eine Zeit lang den Sorgen und Ängsten dieser Welt zu entziehen.

Die vier Kinder spielen zusammen, bis es dunkel wird, während wir unsere Gespräche da fortsetzen, wo wir vor drei Tagen aufgehört haben. Marie kommt auf unseren konsequenten Ruhetag zu sprechen und stellt fest, dass das ja schon wie eine kleine Auszeit im Alltag ist. Ja, das ist es auf jeden Fall!

Am nächsten Tag werden sich unsere Wege für diese Reise endgültig trennen. Während sie nach Grenaa wollen, um nach Schweden überzusetzen, führt unser Weg weiter in Richtung Aarhus. Ein geografisches Ziel als Ende unserer Reise haben wir immer noch nicht

NATURLAGERPLÄTZE IN DÄNEMARK

- Es gibt in Dänemark über 1.500 freie, meist sehr einfache Naturlagerplätze

- Sie stehen Radreisenden, Wanderern, Reitern und Kanufahrern kostenfrei oder gegen eine geringe Gebühr für eine Übernachtung zur Verfügung

- Die Plätze sind teilweise auf privatem Grund, wie Bauernhöfen, auf kommunalem Grund oder auf Flächen des Umwelt- und Naturschutzministeriums gelegen

- Teilweise stehen Holz-Shelter zur Verfügung, sonst gibt es die Möglichkeit zum Zelten

- Oft gibt es Feuer- und Grillstellen. Achtung: saisonale und regionale Feuerverbote beachten!

- Übersicht über alle Plätze als Buch: „Overnatning i det fri" (auf Dänisch, die Zeichen sind aber in Deutsch und Englisch erklärt, ISBN 978-87-7041-613-9)

- Übersicht als App „Shelter" (leider nur auf Dänisch, aber mit guter Kartenführung)

definiert, der Zeitpunkt steht jedoch mittlerweile fest, da unsere Auszeit bald endet.

Jannis hat angeboten, uns wo auch immer abzuholen und nach Darmstadt zu bringen. Deshalb werden wir einfach weiter in Richtung Deutschland fahren, denn jeder gefahrene Kilometer auf dem Rad bedeutet am Ende weniger Strecke für Jannis. Gerne würden wir mit öffentlichen Verkehrsmitteln zurück nach Darmstadt fahren, aber die sind leider nicht mit einem Tandem kompatibel.

VON UDBYHØY NACH DARMSTADT

S chon seit ein paar Tagen drängt sich uns immer wieder der Gedanke ans Ankommen auf. Natürlich kommen wir jeden Tag dem Ende der Reise einen Tag näher, wir wissen aber nicht, wo es letztlich sein wird und wie es sich dann anfühlt.

Mit Marie, Jon und ihren Kindern fahren wir noch gemeinsam mit einer kleinen Fähre über den Randersfjord, bevor der Abschied kommt. Dieser fällt sehr herzlich aus, hatten wir doch eine richtig schöne Zeit zusammen. Der Tag wird immer heißer und die Fahrt ziemlich anstrengend. Für diesen Streckenabschnitt verlassen wir die Küste mit der Radroute 5 und durchqueren ein Stück des Landesinneren. Hier gibt es einen Campingplatz, den wir aber passieren, da wir gern wieder am Meer sein wollen. Freie Plätze gibt es in dieser Gegend leider nicht und so quälen wir uns bis zum Abend über ein heißes hügeliges Asphaltband. Wir hätten vielleicht nicht so viel über die Tristesse der Flachetappen südlich von Frederikshavn schimpfen sollen. Zum Glück hält sich jedoch zumindest der Autoverkehr in Grenzen. Unseren Wunsch, am Meer zelten zu wollen, bezahlen wir am Ende mit einem „idyllischen" Platz zwischen lauter Wohnwagen, den wir für viel zu viel Geld für eine Nacht mieten dürfen.

Der nächste Tag ist geschmeidig. Das kurze Stück bis Aarhus bringen wir bereits am Vormittag hinter uns. Auch die Laune ist dank leichter Bewölkung, einer leckeren Wassermelone und einem Picknick am Strand bestens. Eine nette ältere Dänin hat uns dafür einen besonders schönen Strandabschnitt gezeigt.

Aarhus selbst empfängt uns als freundliche und lebhafte, aber nicht hektische Stadt. Liegt es daran, dass hier gerade das *Aarhus Jazz Festival* stattfindet oder dass wir durch das richtige Viertel in die Stadt hinein-fahren? Die Menschen sind angenehm wuselig, aber nicht zu sehr auf ihr Styling fokussiert, viele junge Leute und Familien mit Kindern prägen das Bild. Und natürlich Fahrräder, Fahrräder, Fahrräder.

Dänemark, sowohl auf dem Land als auch hier in der Stadt, bietet ein-fach alles für eine zweirädrige Mobilität: gute Radwege, klare Beschilde-rung und viele Abstellmöglichkeiten. Fahrräder haben Zugang zur Innen-stadt, Autos müssen draußen bleiben. Wann werden deutsche Städteplaner wohl diesen Mut haben?

Am Eingang zur Innenstadt kommen wir um eine Kaffeerösterei nicht herum und gönnen uns einen Eiskaffee. Hier gibt es auch viele kleine al-ternative Läden. In einem Hinterhof erstehen wir ein T-Shirt für Noah mit folgendem Aufdruck: „To live you must have sunshine and freedom and a little flower to love". Dieses Zitat von Hans Christian Andersen wird im Deutschen wie folgt wiedergegeben: „Leben allein genügt nicht, sagte der Schmetterling, Sonnenschein, Freiheit und eine kleine Blume muss man auch haben." Irgendwie finden wir uns gerade in diesem Satz wieder. Wie passend, dass Noah nach der Reise auf die Andersenschule in unse-rem Ort gehen wird.

Die Stadt mit ihrem sommerlichen Treiben hält uns noch eine Weile fest. Irgendwann reißen wir uns aber doch los und finden etwas außerhalb einen Campingplatz. Hier beobachten wir am Abend etwas Interessantes: Von allen Ecken des Platzes kommen Familien und bringen ihre Grillge-rätschaften mit. Sie versammeln sich auf einem Platz neben dem Sanitär-gebäude und beginnen ihre Grills anzufeuern. Was aussieht wie eine gro-ße Party-Verabredung ist tatsächlich dem Umstand geschuldet, dass durch die Trockenheit die höchste Waldbrandstufe ausgerufen wurde und es

AARHUS

– zweitgrößte und schnellwachsende Stadt in Dänemark mit rund 270.000 Einwohnern

– Knapp die Hälfte der Einwohner ist jünger als 30 Jahre

– liegt auf dem dänischen Festland in Ost-Jütland

– Der Ort wurde von Wikingern im Mündungsbereich des Flusses Aarhus Å gegründet und ist seitdem ununterbrochen besiedelt

– hat viele vernetzte Fahrradstraßen und ein städtisches kostenloses Fahrradverleihsystem (Pfand ca. 3 €)

– Der Hafen ist der größte Containerhafen Dänemarks

– Südlich von Aarhus liegt Marselisborg Skovene, ein sieben Kilometer langer Buchenwald entlang der Küste. Dieses Gebiet ist sehr hügelig, mit zum Teil sehr tiefen Einschnitten. Es gibt Wander- und Radwege, und der Campingplatz von Aarhus liegt in diesem Gebiet

– Das ARoS Aarhus Kunstmuseum ist eines der größten in Nordeuropa und zeigt zahlreiche Werke dänischer und internationaler Künstler. Auf dem Dach des Museums befindet sich ein begehbares Kunstwerk, das „Your rainbow panorama". Das Werk des dänisch-isländische Künstlers Olafur Eliasson besteht aus einem runden, 150 Meter langen und drei Meter breiten Gehweg aus Glas, das aus allen Farben des Spektrums besteht. Von hier aus hat man einen Panoramablick über Aarhus

Weitere Infos: www.visitaarhus.de

streng verboten ist, auf dem Stellplatz zu grillen. Es ist nur noch an diesem einen zentralen Platz erlaubt. Die schöne Folge dieses erzwungenen gemeinsamen „Grillfests" ist, dass alle anfangen, alles miteinander zu teilen. Wir können mitgrillen, obwohl wir keinen eigenen Grill haben. Familien, die zu viel Salat, Brot oder Kartoffeln mitgebracht haben, bieten es anderen an. Auch wenn wir nicht viel beisteuern können, dürfen wir an diesem Festmahl teilhaben. Zum kontemplativen Ausklang des Abends sitzen wir noch eine Weile am Strand und arrangieren wieder ein paar Steine ...

Es geht uns gut, obwohl das Ende der Reise jetzt recht nahe ist. Wir fangen an, uns mit dem Gedanken an die Heimreise zu arrangieren und das Ankommen zuzulassen. Wir glauben zwar, dass wir im Job erst mal eine Art Wiedereingliederungsmaßnahme brauchen werden, aber die Aussicht auf das Wiedersehen mit Familie und Freunden fühlt sich gut an. Wir sind jetzt über 1.000 Kilometer geradelt – auch wenn das für einen weltreisenden radfahrenden Kilometerjunkie vermutlich nicht viel ist, löst es bei uns ein gewisses Glücksgefühl und eine tiefe Dankbarkeit aus.

Im Hafenort Hou entscheiden wir, einfach stehenzubleiben und nicht mehr weiterzufahren. Hou, ein Ort, von dem wir vorher gar nicht wussten, dass es ihn überhaupt gibt. Und wahrscheinlich geht es den meisten Lesern genauso. Bei einer Planung vorab wären wir nie auf den Gedanken gekommen, Hou als Ziel zu definieren. Doch für uns ist es in diesem Moment der Ort, an dem wir mit einer tiefen inneren Zufriedenheit und Ausgeglichenheit ankommen. Die Entscheidung fällt recht spontan, aber fühlt sich für uns alle drei richtig an.

Ja, wir sind angekommen.

Hier ist ein kleiner Campingplatz direkt am Meer, und wir können noch ein paar Tage am Strand genießen, bis Jannis uns abholt. Diese Tage tun uns richtig gut. Auch hier haben wir einige interessante Gespräche mit Menschen und werden oft nach dem Woher und Wohin unserer Reise gefragt. Das Gesehene und Erlebte der letzten Wochen klingt in uns nach.

Als wir am Abend so vor unserem Zelt sitzen, machen wir ein Gedankenspiel: Wie wäre es, wenn alle Autos keine Kennzeichen hätten? Man würde auf einem Campingplatz nicht mehr sagen können: „Da hinten steht schon wieder ein Holländer", oder: „Ach, typisch dänisch!" Da wir auf unseren Rädern weder Kennzeichen noch eine Deutschlandfahne haben, sind wir für viele erstmal „nur" Radfahrer und werden in der Landessprache angesprochen.

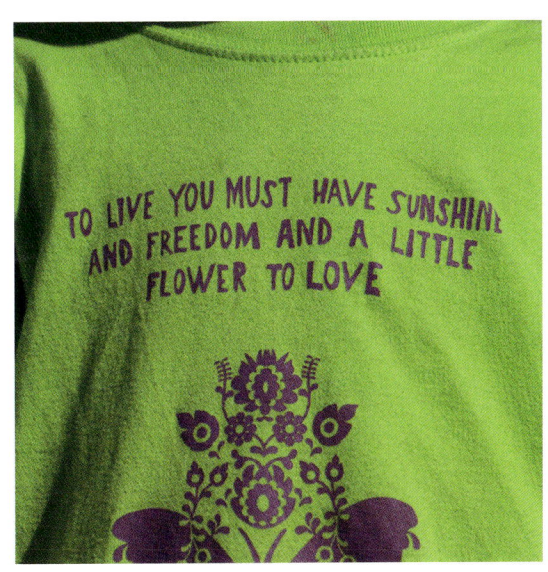

TO LIVE YOU MUST HAVE SUNSHINE
AND FREEDOM AND A LITTLE
FLOWER TO LOVE

Dann erst folgt die Länderkategorie. Das hat uns schon einige spannende Gespräche eingebracht. Wir glauben, dass wir sicher auch irgendwie „typisch deutsch" sind und gewisse Vorurteile erfüllen. Wir haben aber erfahren, wie viel Begegnung stattfinden kann, wenn wir uns gegenseitig unvoreingenommen Raum lassen.

Die Zeit in Hou ist kurzweilig. Einmal schlendern wir am Hafen von Hou entlang, ein anderes Mal besuchen wir einen Ökobauernhof, der im nächsten Ort liegt. Das sind nette kleine Ausflüge, aber oft sitzen wir nur am Strand und genießen den Blick aufs Meer. Nichts treibt uns, nichts hetzt uns, wir haben unsere innere Ruhe gefunden. Selbst Noah ist lieber mit uns am Strand, statt sich Spielkameraden zu suchen. Gleich nach unserer Ankunft verkündete er, dass ihn der Spielplatz auf dem Camping-platz langweilt – ein Spielplatz, von dem wir denken, er müsse für Kinder sehr attraktiv sein. In all den Wochen in der Natur war es Noah nie lang-weilig. Kaum war er vom Rad abgestiegen, versenkte er sich in verschie-dene Aktivitäten und das gänzlich ohne vorgefertigtes Spielzeug.

Aus vollem Herzen können wir sagen: Wir sind unseren Weg geführt worden und haben unser Ziel erreicht.

Und dann kommt Jannis – ein Wiedersehen der Brüder, das uns fast zu Tränen rührt. Wir sind bei Noah abgemeldet, und er muss seinem großen Bruder erstmal zeigen, wie man Krabben fängt, und ihm natürlich im De-tail die ganze Reise erzählen. Auch wir hören an diesem Abend alles gern noch einmal aus Noahs Perspektive.

Vor dem Frühstück springen wir ein letztes Mal ins Meer und genie-ßen danach einen letzten Kaffee unter freiem Himmel. Wir sind noch so richtig im „Hier und Jetzt". Die Rückfahrt verläuft dann wie ein viel zu schneller Film und es baut sich ein noch namenloses Gefühl in unserer Magengegend auf. Und schon sind wir in Darmstadt und in unserer Wohngegend.

Als wir den Blinker zum Abbiegen setzen, fragt Jannis: „Und, wie fühlt sich das jetzt für euch an?"

Bäm! Was für eine Frage! Sie trifft uns und bringt das Gefühl der gan-zen Rückfahrt auf den Punkt: Es ist eine matte Schwere in der Magenge-gend, die tiefe graue Trauer, dass etwas ganz Wunderbares jetzt gleich zu Ende sein wird. Es ist die Ernüchterung und Leere nach dem Erreichen eines Ziels: trockene Tränen in den Augen, gepaart mit der Vorfreude unsere Tochter Ammely und unsere Freunde wiederzusehen und in die Arme zu schließen. Es ist aber auch ein Hauch von „Das-haben-wir-jetzt-wirklich-gemacht" dabei – nicht Stolz, sondern eher Dankbarkeit und vielleicht sogar ein wenig Demut.

Dieses Gefühl wird rasch von Ausgelassenheit und Feierlaune abgelöst. Es ist so schön, dass nicht nur Jannis den letzten Abschnitt der Reise mit uns teilt und uns in die reale Welt „reimportiert", sondern auch Ammely da ist, als wir ankommen. Ein Gefühlscocktail, der kaum in Worte zu fassen ist. Schon kurz darauf kommen unsere Nachbarn auf die Terrasse rüber und bringen sogar noch leckeres Essen mit. So sitzen wir am Ende zu zehnt da und erzählen. Das Auto steht halb ausgeräumt in der Einfahrt. Morgen ist ja auch noch ein Tag.

Der spontane Empfang überwältigt uns und macht uns den Einstieg in die „Heimat" leicht. Heimat, das sind doch die Menschen und Beziehungen, die man hat.

Die Umgewöhnung dauert dann noch ein paar Tage. Wir wachen nachts immer wieder auf und wissen erst mal gar nicht, wo wir sind und warum das Zelt über uns auf einmal so groß ist.

Noah will gar nicht erst ins Bett gehen, da er Angst hat, weil es schon so früh dunkel wird und unser Haus so viele „mysteriöse" Ecken hat. Da ihm aber dann bewusst wird, dass er das vor der Tour ja schon bestens hinbekommen hat, schafft er es doch schnell, wieder in seinem Zimmer anzukommen. Er wird ja in Kürze ein großes Schulkind sein!

EIN RESÜMEE

Drei Monate auf Tour, drei Monate voller Eindrücke: Was bleibt am Ende, wenn wir wissen, dass der Alltag mit vollem Programm auf uns wartet? Dieses Kapitel ist der Versuch, die vielen Gedanken und Erkenntnisse der Reise in einen Zusammenhang zu bringen.

Wenn wir uns als Paar beziehungsweise als Familie betrachten, stellen wir dankbar fest, wie gut uns die intensive Nähe über die lange Zeit getan hat. Bereits zu Beginn unserer Beziehung haben wir immer wieder feststellen können, dass wir gemeinsame Zeit als sehr wertvoll empfinden und nicht das Bedürfnis nach Abstand voneinander haben. Das gemeinsame Erleben ist für uns ein unfassbar wertvoller Schatz.

Sich als Eltern auf ein wissbegieriges, ebenso temperamentvolles wie sensibles Kind wie Noah einzulassen ist auf der einen Seite jenseits der Alltagsanforderungen viel einfacher, auf der anderen Seite aber eben auch intensiver. Wir hoffen, dass wir ihm für den kommenden Schulstart einen guten Vorrat an positiven Eindrücken und Wachstumsmöglichkeiten geschaffen haben.

JÖRG: Noah ist auf jeden Fall selbstbewusster geworden. Wenn ich überlege, wie er jetzt mit anderen Kindern spielen kann, deren Sprache er nicht spricht. Wie selbstständig er sich an neuen Orten zurechtfindet – auch allein auf fremde Toiletten geht. Er hat Schwimmen gelernt, kann Radschlagen, ist auf dem Trampolin recht souverän und hat viel, viel Kondition bekommen. Ich glaube, er nimmt auf jeden Fall viel mit.

Was unsere Auszeit in besonderem Maß bereichert hat, waren die vielen wertvollen Begegnungen und Gespräche mit Menschen. Wir freuen uns, dass einige Kontakte bis heute Bestand haben. Genauso wichtig und möglich sind doch auch im Alltag diese Momente des Redens, Hinhörens und Austauschens mit anderen. Diese Zeit für Beziehungen und Begegnungen wollen wir uns auch in Zukunft bewusst nehmen, auch wenn dafür vielleicht ein bestehender Terminplan umgeschmissen werden muss.

Ein fester Vorsatz ist entstanden: Wir wollen regelmäßige Mini-Auszeiten in unseren Alltag einbauen, die uns gemeinsame Zeit schenken und Kontakt zur Natur ermöglichen. Das können kleine Wanderungen mit und ohne Übernachtung sein, Radtouren, Nächte unter freiem Himmel … Der Alltag darf mit seinen Anforderungen nicht über unseren Köpfen zusammenschlagen.

Auch bei diesen Mikroauszeiten wollen wir nicht vorher alles planen, weil wir auf der Tour vieles intensiver erleben konnten, wenn wir vorher nicht schon alles wussten. Dies galt auch, wenn uns der Weg an Orte führte, die dann keinen Campingplatz hatten. Die Nächte in der freien Natur waren immer die intensivsten. Manchmal waren sie mit Ängsten verbunden, und wir konnten nicht immer alle Geräusche der Nacht zuordnen. Wir haben die relative Sicherheit und unsere Komfortzone verlassen und sind dafür belohnt worden.

Natürlich kann man nicht ständig über seine Grenzen gehen. Auch die Nächte auf den Campingplätzen, auf denen wir mehr Sicherheit und warme Duschen hatten, hatten ihre Berechtigung. Gerade dort hatten wir viele Begegnungen mit anderen Reisenden. Der Begriff „die Komfortzone verlassen" hat während der Tour sowieso eine positive Assoziation erhalten. Für uns wurde das Abenteuer ein stückweit unsere neue Komfortzone, die wir jetzt wiederum verlassen müssen, wenn der Alltag beginnt.

Eine weitere Erkenntnis: Das In-der-Natur-sein tut uns so gut – wieviel mehr müssen wir dann unsere Verantwortung gegenüber der Umwelt auch wahrnehmen! Weniger Konsum, dafür aber nachhaltiger und durchdachter; weniger Auto fahren, mehr das Rad nutzen und dadurch gleichzeitig mehr Bewegung bekommen, das sollen unsere ersten Ansätze dafür sein.

In unserer heutigen Gesellschaft sind wir zunehmend genötigt, mehrere Dinge gleichzeitig zu bearbeiten. Das zieht Kraft ab und führt nicht zu besseren Ergebnissen. So wie auf der Tour der Tag mit den alltäglichen Dingen gut ausgefüllt war und wir diese eines nach dem anderen erledigt haben, möchte ich es auch wieder hier zu Hause machen.

Es wird vielleicht schwer, Noah zu vermitteln, dass er in manchen Momenten mit seinen Anliegen noch nicht dran ist, weil beispielsweise gerade die begonnene Küchenarbeit einen weiteren Arbeitsschritt erfordert. Ich hoffe aber gleichzeitig, dass er so auch lernen kann, in seinem Leben nicht allem gleichzeitig gerecht werden zu wollen, sondern deutliche Prioritäten zu schaffen. Vielleicht hilft ihm das.

Eine weitere Frage, die wir mitgenommen haben: Was benötigen wir wirklich? Sowohl im Alltag als auch in der Freizeit sind wir häufig im Jäger- und Sammlermodus unterwegs. Vieles, was man findet, könnte man ja mal für die eine oder andere Unterrichtsstunde verwenden oder zum Bauen mit Noah oder als Deko-Accessoire. Außerdem macht Sammeln ja auch Spaß, uns zumindest. Aber wie viel Energie kostet dann irgendwann das Organisieren all des Gesammelten?

Deshalb nehmen wir uns vor, das Haus zu entrümpeln, um Raum für Kreatives zu lassen. Unsere Schränke sind so voll und der Keller erst recht. Bei der Tour war das Leben auch ausgefüllt, obwohl die Tage und die Taschen nicht so überladen waren. „Ausgefüllt sein" und „vollgestopft sein" sind zwei ganz unterschiedliche Zustände, die wir manchmal vermischen.

Nicht zuletzt möchten wir auch das „Sich-führen-lassen" in den Alltag retten. Das Wissen, dass es jemanden gibt, der über den Dingen steht und den totalen Weitblick hat, ist eine Sache. Oft geht aber im normalen Leben das praktische Innehalten und Um-Hilfe-bitten unter, weil wir es gewohnt sind, ständig zu rotieren und alles selbst schaffen zu müssen. Es gilt, das Hamsterrad immer wieder anzuhalten! Nur so können wir das Hier und Jetzt auch voll wahrnehmen und genießen.

Noah ist uns da ein großes Vorbild geworden. Er hat so eine direkte, vertrauensvolle Sicht von Gott und dem Gebet. Oft unterbricht er aus einem Gedanken oder einer Feststellung heraus sein momentanes Tun und fragt, ob wir mit ihm für dies oder jenes danken oder bitten können. Er gibt einfach alles an Gott ab. Wie oft war es für uns in scheinbar aussichtslosen Situationen sehr hilfreich, ihn dabei zu haben.

Wir haben uns am Ende der Tour vorgenommen, unsere Arbeitszeiten um ein paar Stunden zu reduzieren, damit wir uns mehr Zeit für die Dinge nehmen können, die wir eben beschrieben haben.

NOAHS SICHT AUF DIE TOUR

Ich würde so eine Tour immer wieder machen, weil ich dabei so viel in der Natur sein konnte. In der Natur ist es immer spannend, vor allem, wenn man Tiere sieht. Ich freue mich hier zu Hause bei uns, wenn ich Rehe oder Eichhörnchen beobachten kann, aber Rentiere und Elche sind noch größer und etwas Besonderes.

Mir hat das Fahren auf dem Pino, das Baden und Spielen mit Sachen aus der Natur richtig viel Spaß gemacht. Außerdem war es toll, so viel mit Mama und Papa zusammen zu sein und trotzdem andere Kinder kennenzulernen. Ich habe so viele verschieden Orte und Plätze gesehen, das war auch toll. Manchmal hatte ich Angst, dass wir keinen Schlafplatz finden, dann habe ich mit Mama und Papa gebetet, und dann haben wir immer einen schönen Platz gefunden.

Zusammengefasst sind es diese fünf Dinge, die wir uns als Reisemitbringsel bewahren und im Alltag ändern wollen:

1. Mehr Zeit für Beziehungen
2. Jeden Monat ein Wochenende als Mikroauszeit für uns (+ Freunde, Verwandte …)
3. Entrümpeln in allen Lebensbereichen (Besitz, Konsum, Mobilität …)
4. Uns mehr führen lassen
5. Unsere aktuellen Arbeitszeiten reduzieren

Auch wenn in diesem Buch immer wieder mal von guter Ausrüstung die Rede war: Davon hängt das persönliche und intensive Erleben und der „Erfolg" einer Auszeit letztendlich nicht ab.

Was aber unverzichtbar ist, ist das Loslassen des Gewohnten und das Sich-einlassen auf das, was vor einem liegt. Das ehrliche Auseinandersetzen mit uns selbst, unserem Gegenüber und unserer Umwelt bringt uns voran. Hinzuhören und uns führen zu lassen war für uns ein Lernprozess, den wir in diesem Buch versucht haben zu teilen. Dass wir uns auf die Reise mit all ihren Facetten eingelassen haben, hat unser Leben sehr bereichert. Und das wünschen wir auch allen Leserinnen und Lesern: Ob es die kleine Auszeit oder die ganz große ist – macht euch auf den Weg und lasst euch führen!

REISETIPPS, PACKLISTEN UND ANDERE PRAKTISCHE DINGE

REISETIPPS NORWEGEN

Wir möchten an dieser Stelle ein paar allgemeine Reisetipps zum Land Norwegen geben; dabei beanspruchen wir keine Vollständigkeit, sondern möchten einfach unsere Erfahrungen weitergeben, die wir in den letzten Jahren auf vielen Reisen in Norwegen gesammelt haben. Natürlich sind diese immer eng an unser eigenes Erleben gekoppelt und damit nicht immer allgemeingültig.

LAND UND LEUTE

Die meisten Norweger, die wir getroffen haben, erlebten wir als sehr freundliche und offene Menschen. Auch wenn sie anfangs vielleicht etwas reserviert wirken, ist das nicht als Ablehnung zu werten. Manchmal haben uns Leute von sich aus angesprochen oder uns wurde Hilfe angeboten. Wenn wir auf Menschen zugegangen sind und um Rat gefragt haben, gab es meist mehr als nur eine kurze Antwort. Beispielsweise haben wir nach Trinkwasser gefragt und saßen am Ende bei Kaffee und Kuchen zusammen und uns wurde sogar noch eine Übernachtungsmöglichkeit angeboten.

Auch wenn wir die Sprache bei Weitem nicht perfekt sprechen, war die Offenheit immer größer, wenn wir versucht haben, auf Norwegisch zu kommunizieren. Daher empfehlen wir, ein paar Phrasen in der Landessprache zu lernen.

Norwegen ist durch den Protestantismus sicherlich eher liberaler geprägt als der katholische oder orthodoxe Süden Europas. Dennoch gibt es ein starkes natürliches Nationalbewusstsein, das geschichtlich aus der sehr spät erworbenen Unabhängigkeit herrührt. Wir haben es aber nie als unangenehmes nationalistisches Verhalten erlebt, obwohl es mittlerweile auch solche Strömungen in der norwegischen Politik gibt. Wer am 17. Mai, dem Nationalfeiertag, in Norwegen ist, kann erleben, wie sich die Nation feiert: nämlich nicht mit Militärparaden oder Reden vor den Rathäusern. Im Zentrum stehen die Kinder, die von den Schulen aus mit Blaskapellen und in ihren regionalen Trachten durch die Städte und Dörfer ziehen. Dabei jubeln ihnen die Erwachsenen zu. Den größten Umzug gibt es in Oslo, wo die Kinder über die Karl Johans Gate hoch zum Schloss laufen und von der Königsfamilie begrüßt werden.

Seit 1969 die ersten Ölvorkommen in der Nordsee vor Norwegen entdeckt worden sind, hat das Land einen enormen Wirtschaftsaufschwung erlebt. Bemerkenswert ist, dass davon der Großteil der Bevölkerung profitiert hat und es eine sehr breite Mittelschicht und nur ganz wenige Menschen an beiden Enden der Einkommensskala gibt. Obwohl durch den Fund neuer Ölvorkommen im Jahr 2013 Norwegens Energievorräte um 15% gestiegen sind, setzt das Land auf erneuerbare Energien. Rund jedes fünfte verkaufte Auto in Norwegen fährt elektrisch – Tendenz stark steigend. Damit ist Norwegen der drittgrößte Absatzmarkt für Elektroautos.

In Norwegen wird Strom zu 99 % aus Wasserkraft erzeugt, was aber auch zur Folge hat, dass es selbst in entlegenen Gebieten viele Bauwerke, wie Stauseen, Kraftwerke oder Stollen zur Wasserumverteilung gibt und man nicht immer von „unberührter" Natur sprechen kann.

ANREISE

Norwegen ist von Deutschland, Österreich und der Schweiz aus recht gut erreichbar:

– PKW: über Dänemark und die Brückenverbindungen nach Schweden. Ohne Buchung spontan möglich. Die Brückenverbindung ist nicht wesentlich günstiger als die entsprechenden Fähren, aber weiter.

- Fähren: Da es mittlerweile einige Reedereien gibt, die unterschiedliche Fährverbindungen nach Norwegen anbieten, kann man zum Teil recht günstig buchen, wenn man nicht auf einen bestimmten Tag angewiesen ist. Die kürzesten Verbindungen sind von Norddänemark (Hirtshals oder Frederikshavn) nach Kristiansand in Südnorwegen. Eine kleine Seereise ist dagegen die Verbindung von Kiel nach Oslo.
- Bus: Es gibt von vielen deutschen Großstädten aus direkte Busverbindungen nach Oslo.
- Bahn: Teurer als Busfahrten, aber dafür ist die Fahrrad-Mitnahme in Deutschland, Dänemark und Norwegen (mit Reservierung) meist problemlos möglich. Achtung bei Anreise über Schweden: Die meisten Bahngesellschaften dort nehmen keine Fahrräder mit.
- Flugzeug: Wer aus ökologischen Gründen eine Radreise unternimmt, sollte sich überlegen, ob er oder sie mit dem Flugzeug anreist. Das ist zwar schnell und günstig, aber leider nicht die klimafreundlichste Variante. Es gibt viele direkte Flugverbindungen nach Oslo und von dort in alle Landesteile. Fahrräder können in der Regel als Sportgepäck mitgenommen werden, sollten aber sorgfältig verpackt sein.

URLAUB MIT HUND UND KATZE

Da Norwegen als tollwutfrei gilt, gibt es klare Einreiseregeln (Impfungen, Entwurmungen) für Haustiere. Diese können sich immer mal wieder ändern. Daher ist ratsam, die aktuellen Voraussetzungen vor der Reise auf offiziellen Internetseiten oder beim Tierarzt zu erfragen. Bei Nichtbeachtung der Gesetze ist es möglich, dass Tiere mehrwöchig in eine Quarantänestation eingewiesen werden.

KLIMA UND WETTER

Das Klima in Norwegen ist durch den Golfstrom geprägt. Er bringt relativ warmes Atlantikwasser bis weit in den Norden, so dass die meisten norwegischen Häfen auch im Winter eisfrei sind. Im Westen des Landes und an der gesamten Küste ist das Wetter maritim geprägt und dadurch häufig feucht und regnerisch. Da es an der Küste oft sehr windig ist, ändert sich das Wetter meist entsprechend schnell.

Der Winter und das Frühjahr sind in Westnorwegen und bis weit in die Fjorde hinein recht mild, sodass die Obstbäume in den Tälern sehr früh blühen. In diesem Bereich ist ab Mitte Mai schon eine gute Reisezeit. In

Südnorwegen ist das Klima milder und die Sommer wärmer als in den anderen Landesteilen. Das Meer erreicht hier aber auch erst im Juli, wenn viele Skandinavier selbst Urlaub haben, angenehme Badetemperaturen. Das Inland und insbesondere Ostnorwegen ist von kontinentalem Klima geprägt. Das bedeutet lange, kalte Winter und niederschlagsarme Sommer. Da Norwegen in einer Westwindzone liegt, haben sich die meisten Wolken schon an der Küste Westnorwegens abgeregnet, bevor sie in Ostnorwegen ankommen.

Generell sind in Norwegen große Temperatursprünge möglich und nicht unüblich. Je nach Region und Höhe können die Temperaturen sogar im Sommer bis unter null Grad fallen. Die Jahresdurchschnittstemperaturen sind noch stärker als in Mitteleuropa von der geografischen Breite (Beispiel: Oslo: 7° C und Tromsø: 2,5° C) und der Höhenlage (Røros auf 630 m Höhe: 0,3° C) abhängig.

AUSRÜSTUNG

Wer eine Outdoor-Reise nach Norwegen plant, tut gut daran, in vernünftige Ausrüstung zu investieren. Schlechte Ausrüstung verdirbt nicht nur den Spaß, es kann in manchen Gegenden und Situationen auch wirklich gefährlich werden. Es ist empfehlenswert, Zelte und Schlafsäcke mit Drei-Jahreszeiten-Tauglichkeit mitzunehmen, damit es nicht zu nassen oder kalten Überraschungen kommt. Schlafsäcke sollten auch noch bei Temperaturen um den Gefrierpunkt ein angenehmes Nachtlager bieten. Wir selbst verwenden Kunstfaserschlafsäcke, da sie pflegeleicht sind und auch mal feucht werden dürfen. Leichter (aber auch teurer) sind Daunenschlafsäcke, die aber im nassen Zustand ihre Isolierfähigkeit verlieren. Als kleinen Luxus für unser Zelt haben wir uns eine weiche Bürste zum Ausfegen gegönnt.

Wir hatten auf dieser Reise zum ersten Mal einen Holzgaskocher dabei und waren sehr zufrieden damit. Die Brennkammer, in der kleine fingerdicke Stöckchen verbrannt werden, hat eine doppelwandige Edelstahlhülle. Das entstehende Holzgas wird nach oben geleitet, wo es effektiv (mit blauer Flamme) verbrennt. Im Gegensatz zu einwandigen Holzkochern, sogenannten Hobos, gilt der Betrieb von doppelwandigen nicht als offenes Feuer.

Gute Modelle gibt es schon ab 20 €. Da aber die Wahl des richtigen Kochers unter passionierten Outdoor-Freaks fast schon zu den großen Fragen des Lebens zählt, sei hier auch erwähnt, dass es recht unproblematisch ist, alle anderen üblichen Brennstoffe (Gas, Benzin, Spiritus) in Norwegen an Tankstellen oder in Supermärkten zu bekommen. Brennspiritus (Rødsprit) ist allerdings wesentlich teurer als in Deutschland.

Bei Fahrradtaschen empfehlen wir ganz klar, wasserdichte zu nehmen. Ansonsten ist es ratsam, den Inhalt der Taschen zusätzlich in Plastiktüten zu verpacken. Ein wasserdichter Packsack mit Rollverschluss ist sehr praktisch, besonders für Schlafsäcke und warme Kleidung, auf die schnell zugegriffen werden soll.

Auch Wandern in Skandinavien können wir sehr empfehlen. Die Wanderwege in den Fjell-Gebieten können, wie in den hiesigen alpinen Lagen, unterschiedliche Beschaffenheit haben – man sollte sein Schuhwerk nicht zu leicht wählen. Wanderstöcke können eine gute Steighilfe darstellen. Prinzipiell gibt es zwar Hütten, viele sind jedoch nicht bewirtschaftet. Auch ist es immer angeraten, ein Zelt mitzunehmen, da man nie sicher sein kann, einen Nächtigungsplatz in einer Hütte zu erhalten. Die meisten Wanderwege sind gut ausgeschildert.

MEDIZINISCHE VERSORGUNG

Zur Ausrüstung gehört auf jeden Fall eine kleine Reiseapotheke, die auch einen Mückenschutz enthalten sollte.

Die medizinische Versorgung ist in Norwegen sehr gut und die Apotheken (apotek) gut bestückt. Gibt es keine Apotheke im Ort, werden Medikamente oft im Medisin-Utsalg an der Kasse von Supermärkten verkauft. Ärztliche Hilfe bieten Ärztestationen (legevakt, legesenter oder legekontor) in der jeweiligen Kommune rund um die Uhr. In größeren Ortschaften kann man sich auch direkt ans Krankenhaus wenden (sykehus, sjukehus oder hospital). In der Regel werden deutsche Krankenversicherungen akzeptiert und die Ärzte sprechen Englisch. Bei Zahnproblemen hilft der Zahnarzt (tannlege) oder die Zahnklinik (tannklinikken).

KLEIDUNG

In den letzten Jahren wird immer mehr Merino-Kleidung im Outdoor- und Sportbereich angeboten. Neben unserer Devise, möglichst auf Kunststoffe zu verzichten, haben wir einfach auch die gute Funktionalität der Merinowolle schätzen gelernt. Sie wirkt temperaturausgleichend, wärmt sogar noch, wenn sie nass ist, und kühlt im Sommer. Dünne Merinoshirts oder -unterhosen lassen sich sehr gut direkt auf der Haut tragen, da die

Fasern im Gegensatz zu anderer Wolle nicht kratzen. Auch können Merinoshirts gut zwei bis drei Tage getragen werden, ohne dass unangenehme Gerüche entstehen. Die meisten Kunstfaser-Funktions-Shirts haben diese Eigenschaft leider nicht. Nebenbei vermeidet man beim Waschen von reiner Wolle, dass Mikroplastik in die Gewässer gelangt.

Am praktischsten fanden wir, immer warme Kleidung nach dem Zwiebelschalen-Prinzip am Körper mit uns zu führen. Neben Mütze, Handschuhen und Regenschutz sollte ein Wollpullover oder eine Fleecejacke auch im Sommer im Gepäck sein. Der Wollpullover ist sicher etwas schwerer als ein Kunstfaserfleece, hat aber die gleichen klimatischen Vorteile wie Merinoshirts.

Auch in den Sommermonaten gab es immer wieder Zeiten, in denen wir unsere warmen Wollsocken und lange Unterwäsche zu schätzen wussten. Auf der anderen Seite kann es auch schnell sehr warm werden und man bleibt flexibel, wenn man entweder abzippbare Hosen oder leichte Shorts dabeihat. Lange Hosen sollten auf jeden Fall einen dichten Stoff haben, damit stechende und beißende Insekten abgehalten werden.

RADFAHREN

Norwegen ist aufgrund der Topografie, Entfernungen und Einwohnerdichte für viele kein typisches Fahrradland. Wir haben mit einigen Radlern gesprochen, die so viel Respekt vor dem Land hatten, dass sie am Ende nicht nach Norwegen gefahren sind.

Warum wir dennoch finden, dass Norwegen ein gutes Radreiseland ist: Im gesamten Bereich Mobilität hat sich Norwegen in den vergangenen 25 Jahren stark entwickelt und ist innovative und nachhaltige Wege gegangen. In urbanen Gebieten haben Fahrräder ihre festen Verkehrsräume in Form von ausgeschilderten Radwegen, Abstellplätzen und Mitnahmemöglichkeiten im öffentlichen Nahverkehr. Außerhalb und in dünn besiedelten Gebieten gibt es häufig Alternativrouten entlang der wenigen reinen Autostraßen, oder die Verkehrsdichte ist so gering, dass ein Miteinander für Radler gut erträglich ist. Ein Gefühl der Sicherheit gibt die Tatsache, dass Autos auf Landstraßen selten über 70 km/h fahren dürfen.

In den Gebirgsregionen und in Westnorwegen gibt es zwar viele Tunnels, aber einige lassen sich auf der „alten" Straße problemlos und ohne Autoverkehr umfahren. Einige andere haben einen Druckknopf, den Fahrradfahrer vor der Einfahrt betätigen können, um Autofahrer per Lichtsignal darüber zu informieren, dass sich Zweiradfahrer im Tunnel befinden. Teilweise gibt es Unterseetunnel, die auch mit dem Rad befahren werden dürfen, aber nicht jedermanns Sache sind. Manche Tunnels sind gänzlich für Radler gesperrt. Hier müssen zum Teil größere Umwege gefahren oder der Bus als Transportmittel genommen werden. Auf unserer Tour durch Ostnorwegen sind wir nicht durch Tunnels gefahren. In jedem Fall empfehlen wir, immer Warnwesten zu tragen und auch tagsüber mit Licht zu fahren.

Neben lokalen Radrouten gibt es zehn nationale Radrouten. Leider sind noch nicht alle durchgängig beschildert, aber die Navigation im ländlichen Bereich stellt keine große Herausforderung dar. Eine Karte zur Orientierung reicht in der Regel.

Nationale Radrouten:
1. Küstenroute: Sie führt über ca. 4.500 Kilometer von Svinesund an der schwedischen Grenze entlang der gesamten norwegischen Küste über das Nordkap bis nach Kirkenes an der russischen Grenze. Auf den ersten 1.130 Kilometer bis Bergen entspricht die Route dem internationalen Nordseeküsten-Radweg Eurovelo EV 12.
2. Kanalroute: 466 Kilometer von Porsgrunn durch die Telemark und zum Teil am Telemarkskanal entlang bis nach Stavanger.
3. Route Fjord und Berge: Eine über 1.000 Kilometer lange Route von Kristiansand an der Südküste durch das Setesdal zum Hardangerfjord und weiter bis Kristiansund an der Westküste bei Trondheim. Die Route ist nur teilweise ausgeschildert.
4. Rallarvegen (Bahnarbeiterweg): Dieser Weg wurde für die Bahnstrecke von Oslo nach Bergen als Transportweg für die Arbeiter angelegt. Die gesamte Strecke von Oslo bis Bergen ist 614 Kilomater lang. Der eigentliche Rallarvegen führt ca. 80 Kilometer als Schotterweg von Haugastøl bis nach Flåm am Sognefjord oder bis nach Voss. In diesem Bereich am Rande der Hochebene Hardangervidda gibt es keinen Autoverkehr, und der Radweg führt mehr oder weniger neben der Bahnlinie entlang. Da Kombinationen mit Rad und Bahn möglich sind, ist es einer der beliebtesten Radwege Norwegens.
5. Numedalroute: 950 Kilometer von Larvik in Südnorwegen über Kongsberg und durch das Numedal bis nach Molde in Westnorwegen.
6. Sognefjellroute: 294 Kilometer von Røros nach Hardanger

7. Pilgerroute: Die Radroute von Halden über Oslo bis nach Trondheim ist Teil des internationalen Eurovelo EV3 und ca. 600 Kilometer lang. Sie führt entlang der Pilgerwege von Oslo durch das Gudbrandsdal und über das Dovrefjell nach Trondheim.
8. Trollheimen: Die Route von Oppdal bis Molde ist mit ca. 160 Kilometern die kürzeste, aber landschaftlich sicherlich mit attraktivste Route.
9. Wildnisroute: 825 Kilometer von Halden durch Ostnorwegen über Kongsvinger, Trysil und Røros nach Trondheim. In Teilen ähnlich der Route, die wir gefahren sind.
10. Nordkap–Lindesnes-Route: Diese Route führt vom nördlichsten Punkt des Landes zum südlichsten. Sie ist noch nicht ausgeschildert.

Von Trondheim in Richtung Nordnorwegen ist die Auswahl an Straßen nicht mehr so groß, da das Land zum Teil nur wenige Kilometer „breit" ist. Die Küstenstraße 17 ist für Radfahrer die bessere Alternative als die für Autos gut ausgebaute E6, auch wenn sie im Sommer von vielen Wohnmobilen befahren wird.

Die Ersatzteilversorgung für Radfahrer ist in den Städten recht gut, aber in der Auswahl nicht mit Deutschland vergleichbar. Viele Sportgeschäfte haben eigene Fahrradwerkstätten und die gängigen Teile im Sortiment. Da spezielle Teile bestellt werden müssen, empfehlen wir auf jeden Fall, gutes Werkzeug und grundlegende Ersatzteile mitzunehmen, um sich in abgelegenen Gegenden auch selbst helfen zu können.

ESSEN, TRINKEN, EINKAUFEN

Wir genießen es, uns auf Reisen mit lokalen Lebensmitteln zu versorgen und auch hin und wieder Unbekanntes auszuprobieren.

In städtischen und touristischen Bereichen haben die Supermärkte häufig an 7 Tagen in der Woche und oftmals bis spät abends (22:00 oder 23:00 Uhr) geöffnet. Die meisten sind gut ausgestattet und haben neben Lebensmitteln auch Kleidung (sogar Merinowäsche!), Haushaltswaren, Elektrogeräte und vieles mehr im Angebot. Lebensmittel im Supermarkt sind etwas teurer als bei uns, liegen aber im Bereich des Bezahlbaren, so dass es sich nicht lohnt Grundnahrungsmittel von Deutschland nach Norwegen zu transportieren.

Wer im Grenzgebiet von Schweden und Norwegen unterwegs ist, kann die etwas günstigeren Preise in Schweden wahrnehmen. Generell ist das

Preisniveau beim Einkaufen in Norwegen aber nicht mehr so viel höher als in Deutschland, da die Norwegische Krone gegenüber dem Euro in den letzten Jahren etwa 20% an Wert verloren hat. So ist auch der Kauf von Kleidung und Sportartikeln manchmal sogar günstiger als bei uns. Bezahlen kann man fast überall mit der Bank- oder Kreditkarte. Die Preise in Restaurants sind immer noch deutlich höher als bei uns und wenn es sich nicht gerade um ein Schnellrestaurant handelt, ist es auch üblich, sich entsprechend fein zu kleiden.

Wenn man trotzdem etwas Landestypisches essen möchte, empfiehlt sich natürlich Fisch. Den bekommt man überall, sowohl frisch als auch verarbeitet. Typisch sind eingelegte Heringe in verschiedenen Marinaden und Fiskeboller (Fischbratlinge) bzw. Fiskepudding (keine Süßspeise!). Wer herzhaften Käse liebt, muss in Norwegen meist länger suchen oder entsprechend teuer einkaufen. In den Supermärkten gibt es ein großes Angebot an verschiedenen Verpackungskäse-Sorten, die jedoch alle etwas seicht im Geschmack sind. Dafür findet man jedoch den landestypischen Brunost (Braunkäse) aus verschiedenen Milchmischungen. Alle Varianten mit Ziege (Geit) schmecken dabei deutlich strenger als die mit Kuhmilch. Man isst diesen Käse in dünnen Scheiben, wozu sich dringend ein Käsehobel empfiehlt. Da der leicht karamellartige Geschmack zu herzhaft und zu süß passt, kann man ihn genauso gut mit frischer Tomate wie mit Marmelade kombinieren. Unsere ganze Familie liebt diesen Käse!

Beim Brot ist das Angebot die letzten Jahre deutlich umfangreicher geworden, wer aber ein richtiges Vollkornbrot wünscht, muss auf Pumpernickel oder andere importierte Vollkornbrote in Plastikverpackungen zurückgreifen. Auf der anderen Seite finden Menschen, die Einschränkungen durch Allergien oder Unverträglichkeiten haben, ein breites Sortiment an alternativen und gut gekennzeichneten Lebensmitteln – hier gilt natürlich: je größer der Supermarkt, desto umfangreicher auch die Auswahl.

Wer mit superleichtem Gepäck unterwegs sein will und gefriergetrocknete Trekking-Nahrung (Turmat) bevorzugt, bekommt in norwegischen Sport- und Outdoor-Läden eine gute Palette. Leichtbier (Lettøl) kann man im Supermarkt kaufen, alle Getränke mit einem höheren Alkoholgehalt nur in den staatlichen Verkaufsstellen (Vinmonopolet) mit sehr eingeschränkten Öffnungszeiten und deutlich höheren Preisen als in Deutschland.

Das Wasser der Gebirgsbäche kann man in der Regel trinken, in einigen moorigen Gegenden ist es allerdings durch die enthaltenen Huminstoffe

bräunlich gefärbt. Moorwasser ist vom Geschmack her etwas gewöhnungs-
bedürftig, aber nicht giftig. Teilweise wird ihm sogar eine gesundheitsför-
dernde Wirkung zugeschrieben. Wir haben es trotzdem eher zurückhal-
tend verwendet. In landwirtschaftlich genutzten Gegenden und in der
Nähe von Flächen mit Tierhaltungen sollte man kein Oberflächenwasser
trinken.

UNTERKUNFT
Als Radfahrer gibt es viele unterschiedliche Möglichkeiten, die Nacht zu
verbringen:
- Camping: An den Küsten und in der Nähe von Touristenattraktionen
  gibt es viele Campingplätze, im Landesinneren eher weniger. Wir haben
  bis jetzt keine Übersicht gefunden, auf der alle Campingplätze des Landes verzeichnet sind. Es gibt ein paar Übersichtskarten der jeweiligen
  Campingverbände, aber keine offizielle Gesamtliste. Im Internet findet
  man auch diversere Übersichten und Apps. Wir haben immer versucht,
  mehrere Quellen zu nutzen, um einen Überblick zu bekommen. Campingplätze sind im Vergleich zu Deutschland eher günstig.
- Hütten und Fremdenzimmer: Es ist gut möglich, spontan in kleinen
  Hütten (Hytter) oder Zimmern (Rom) zu übernachten. Entsprechende
  Möglichkeiten werden auf Campingplätzen oder auch privat angeboten.
  Häufig finden sich Schilder an der Straße. Das Wort ledig bedeutet, dass
  die Hütten/Zimmer gerade frei sind.
- Hotel: Da diese im Verhältnis zu Deutschland eher teuer sind, haben
  wir keine Erfahrungen in dem Bereich
- Couchsurfing, Airbnb, warmshowers: Auch diese Möglichkeiten, güns-
  tig in privaten Wohnungen zu übernachten, gibt es in Norwegen. Eine
  Auswahl findet sich eher in den Städten als auf dem Land.

SPRACHE
Grundsätzlich gibt es in Norwegen zwei Sprachen: 1. Bokmål, das aus dem
Dänischen entstammt und von ca. 85% der Norweger gesprochen und
geschrieben wird, und 2. Nynorsk. Dieses entspringt ländlichen Dialekten
und ist in einigen Landesteilen auch auf Schildern zu finden.

Wer kein Norwegisch spricht, kommt in den meisten Regionen sehr
gut mit Englisch zurecht, und wie fast überall in Europa finden sich immer
auch einige Menschen, die Deutsch sprechen. Aus unserer Erfahrung ist

das Norwegische aber nicht allzu schwer zu erlernen, zumindest die wichtigsten Ausdrücke sind einprägsam. Grammatikalisch stellt es eine Mischung aus Englisch und Deutsch dar und erinnert in manchem an Niederländisch oder an das Plattdeutsch in Norddeutschland. Wer Norwegisch versteht, kann sich ins Schwedische und ins Dänische einhören und meist in der Schriftsprache auch verstehen.

Vor einer Norwegenreise macht es in jedem Fall Sinn, ein paar einfache Begriffe oder Ausdrücke zu lernen. Hier ein paar Ausspracheregeln:

Ø bzw. ø wie ö
Æ bzw. æ wie ä
Å bzw. å wie o in „offen“
O bzw. o wie u
U bzw. u wie ü
Sk, rs, ks und sj wie sch
Die allerwichtigsten Sätze/Wörter:
Vielen Dank! – tusen takk!
Danke – takk!
nein, Danke – nei, takk
Bitte – vær så snill
Hallo – hei (på deg)
Wie geht es dir? – Hvordan har du det?
Auf Wiedersehen – På gjensyn!
Tschüss/mach's gut! – Ha det bra! (häufige Kurzform: Ha det!)

UNSERE PACK- UND MATERIALLISTEN

1. RÄDER
- Anja: Campus TR 10 26´ Zoll, Alurahmen mit Starrgabel
- Jörg und Noah (Stufentandem): Hase Pino Tour, Alurahmen mit extra Kindertretlager für Noah
- Reifen: Schwalbe Marathon Mondial, 50 mm
- Schaltungen: Shimano XT 3x10
- Beleuchtung vorn: Busch + Müller CYO T Senso Plus
- Narbendynamo: Campus: Shimano DH3N72, Pino: Son
- Gepäckträger und Lowrider: Tubus

2. TASCHEN (ALLE WASSERDICHT VON DER FIRMA ORTLIEB)

Anja:
- 1 Lenkertasche
- 2 Frontroller (Herstellungsjahr 1990!) am Lowrider
- 2 Backroller
- 1 Rackpack (30 Liter-Reisetasche)

Jörg und Noah:
- Tagesrucksack (13 Liter, als Tagesrucksack und gleichzeitig als Anschnallgurt für Noah genutzt)
- 4 Fronttaschen (Herstellungsjahr 1992!)
- 2 Hinterradtaschen
- 1 Packsack mit Rollverschluss

3. KLEIDUNG (PRO PERSON)

- 1 Radhose lang
- 1 Radhose kurz
- 1 Outdoorhose (zum Abzippen)
- 2-3 kurzärmelige T-Shirts (Merinowolle)
- 2 langärmelige T-Shirts (Merinowolle)
- 1 Kapuzenjacke (Merinowolle)
- 1 dicker Wollpullover
- 1 lange Unterhose
- Diverse dünne und dicke Socken (Wolle und Baumwolle)
- 3-5 Unterhosen (zum Teil Merinowolle)
- 2 Wollmützen (1 dünne, 1 dicke)
- Schlauchschal (Merinowolle)
- Handschuhe
- 1 Paar Leichtwanderschuhe
- 1 Paar Joggingschuhe
- 1 Paar Sandalen
- Regenhose (atmungsaktiv)
- Regenjacke (atmungsaktiv)
- Regengamaschen
- Fahrradhelm und Regenüberzug
- Warnwesten
- Sonnenbrillen

- Packbeutel (für Socken und Unterwäsche)
- Extra Anja: 1 Skort, eine Radhose Dreiviertellänge
- Extra Noah: warme Jogginghose, 1 lange Hose, 1 ¾-Hose, 1 kurze Hose, 1 lange Unterhose, Sonnenkappe

4. AUSRÜSTUNG

- Holzkocher und Spiritusbrenner
- Spiritusflasche
- Feuerzeug
- Werkzeug, Flickzeug
- Luftpumpe
- Schlafsäcke (Kunstfaser): Anja: Mountain Hardwear Lamina Z Spark, Noah: Deuter Exosphere -4°, Jörg: Mammut Ajungilak-Kompakt -5°
- Isomatten (selbstaufblasbar)
- Lammfell (gedacht als Sitzunterlage für Noah. Spätere Verwendung: Schlafsackwärmer, Kissenersatz)
- Zelt: Helsport Fjellheimen 3 superlight plus Unterlage
- Heringe (superleicht)
- 1 weiche Bürste für die Innenzeltreinigung
- Wäscheklammern
- Schnur (als Wäscheleine)
- Diverse Packriemen
- 1 Stirnlampe
- Reiseapotheke
- Sonnencreme
- Mückenschutzlotion
- 2 Fahrradschlösser (Faltschlösser Abus Bordo X, miteinander kombinier- und dadurch verlängerbar)
- 4 Wasserflaschen
- 1 Wassersack
- 2 Töpfe
- Espresso-Kocher
- 2 Müslischalen (Bambus)
- 3 Trinkbecher
- 2 flache Teller (Bambus)
- Campingbesteck
- 3 Taschenmesser

- 2 Outdoor-Messer
- 1 Kinder-Schnitzmesser (Opinel)
- 2 Plastikdosen
- 1 Ölflasche (Plastik)
- 2 Schraubdosen (für Marmelade und Nuss-Mus)
- Kleines Holzbrettchen
- 2 Geschirrtücher
- 2 Smartphones plus Ladegerät
- 1 Tablet-PC
- 1 Bibel
- 1 Vorlesebuch für Noah
- Landkarten
- 2 Tagebücher (Hefte)
- 1 Block und Buntstifte
- 3 kleine Handtücher (Baumwolle)
- 1 Mikrofasertuch
- Klopapier
- Plastiktüten
- Waschmittel
- Zahnbürsten, Zahnpasta,
- 2 Stücke feste Shampoo-Seife
- Regenüberzug für den Pino-Sitz vorne
- Fahrradcomputer
- Powerbank (haben wir allerdings im Auto vergessen)

5. WERKZEUG/ERSATZTEILE
- Multifunktionstool
- 3 kleine Maulschlüssel
- 3 kleine Inbus-Schlüssel
- Flickzeug und Reifenheber
- Nippelspanner
- Abzieher für Ritzel und Bremsscheiben
- Ersatzmantel 26 Zoll
- Ersatzschläuche (20 Zoll und 26 Zoll)
- Fahrradpumpe
- Bremsklötze für Scheibenbremse (Pino) und HS33 (Campus)
- 4 Schaltzüge (2 lang für Pino und 2 kurz)

6. SONSTIGES
- Strickzeug
- Peter (Noahs Kuschelbär)
- Spiegellose Systemkamera (Lumix G70, 14-42 mm Standardzoom, 45-200 mm Telezoom und Ladegerät)

Wir wagen ein kurzes Resümee zu unserer Ausrüstung: Neben den unentbehrlichen Ausrüstungsgegenständen wie Isomatte, Zelt und Schlafsack sind folgende die fünf ultimativen Dinge, die wir auch auf die nächste Tour wieder mitnehmen würden:

1. Kleidung aus Merinowolle – wir haben von Socken über Unterwäsche, T-Shirts und Kapuzenjacken alles aus Merino diesem dreimonatigen Langzeittest unterworfen und sind begeistert.
2. Holzkocher – wir haben fast keinen Spiritus verbraucht und überall genug trockenes Holz gefunden. Leider reduzierte sich die Einsatzmöglichkeit mit zunehmender Trockenheit wegen der Waldbrandgefahr gegen Ende der Tour.
3. Ein großes dünnes Baumwolltuch – vielseitig einsetzbar als Umziehhilfe am Strand, Handtuch, Schal, Kopftuch …
4. Ein Lammfellchen – war eigentlich als Sitzunterlage für Noah auf dem Pino (Tandem) gedacht. Wir entdeckten auf der Tour den erweiterten Einsatzbereich als wärmende Schlafsackbeigabe und Kopfkissenersatz (Anja: „Weltbestes Outdoor-Kissen!").
5. Festes Shampoo in Form eines Seifenstücks – geringes Gewicht, geringer Verbrauch, kann nicht auslaufen, ist für die Ganzkörperpflege und zur Not sogar zum Wäschewaschen geeignet.

© 2019 der deutschen Ausgabe adeo Verlag
in der Gerth Medien GmbH, Dillerberg 1, 35614 Asslar

1. Auflage 2019
Bestell-Nr. 835243
ISBN 978-386334-243-2

Umschlaggestaltung und Layout:
Grafikbüro Sonnhüter, www.grafikbuero-sonnhueter.de
Umschlagmotiv: Seth Kane (unsplash) / Dmytro Khlystun (shutterstock) / privat
Innenfotos: privat / Cartarium (shutterstock)
Druck und Verarbeitung: Print Consult GmbH, München

www.adeo-verlag.de